グラン・シャレの手作り暮らし

ド・ローラ 節子のうつくしい生活術

節子・クロソフスカ・ド・ローラ

Table des

Matières

目 次

スイス、ジュネーヴ近郊。レマン湖面に美しい姿を映すシオン城。

撮影＝山下郁夫

景山正夫（P6〜7、9中段、10〜12、14〜15、17上段、20下右、25左上、69、70下、72〜73、75〜77）

武田正彦（P4、14人物）　畑口和功（P20上2点・下左、25右下、74右）　増田 隆・世界文化社写真部

文＝節子・クロソフスカ・ド・ローラ（Chapitre 1、あとがき）

夏目典子

Chapitre 4

製作協力：今井歌子、磯ケ谷光子、小川久美子、坂本喜里江

原稿整理：吉本由美子　イラスト：八文字則子

作り方ページ編集：坂本敦子

編集協力：夏目典子　坂本敦子

編集：川崎阿久里（世界文化社）

装丁&レイアウト：関根千晴（プリマヴェッラ）

校正：株式会社　円水社

節子・クロソフスカ・ド・ローラ

東京生まれ。旧姓名、出田節子。1962年、上智大学フランス語科在学中に初来日中の画家バルテュスと出会う。67年、結婚。ローマのアカデミー・ド・フランス〝メヂチ館〟で女主人として館長のバルテュスを支え、ローマに暮らす。68年、長男出産(2歳6ヶ月で逝く)。73年、長女春美出産。館長職退任に伴い77年、スイスのロシニエールにあるグラン・シャレに移り住み、現在に至る。自らも画家として活動を始め欧米で個展を開催。2001年、バルテュス死去。02年、バルテュス財団発足とともに名誉会長に就任。ユネスコ「平和のアーティスト」。05、06年、朝日新聞社主催「節子の暮らし展 和の心」を日本で開催。随筆家としても活躍。著書に『見る美　聞く美　思う美』(祥伝社、後朝日文庫に収録)、『グラン・シャレ　夢の刻』(世界文化社)、『和と寄り添う暮らし』(新潮社)、『きものを纏う美』(扶桑社)他。

CHAPITRE 1

わが家

グラン・シャレ物語

GRAND CHALET

Grand Chalet

一七五四年に建てられた大きな山の家を意味する
〝グラン・シャレ〟は、その名が示すように
スイスで一番大きな木造建築です。
画家バルテュスは一九七七年ローマから
家族で移り住み二十四年間を暮らしました。
芳しい自然の恵みの中で、
夫と過ごした〝夢の刻《とき》〟をさらに美しく結びながら、
たおやかに生きる節子夫人の心豊かな日々。

厩《うまや》にと移築したベルン地方の十九世紀の家。かつて射撃亭として使用されていたもので、今は三頭の馬が暮らしています。屋根の上には愛らしい「風見馬」。

山々に囲まれた小さな村、ロシニエール。家々が寄り添うように建てられて、静かな暮らしが営まれています。グラン・シャレもここにあります。

Village de Rossinière

スイス・ペイダンオー地方、山間の小さな村ロシニエール

スイス、レマン湖畔の町モントルーから単線電車で約五十分、ロシニエールは上の郷《ペイダンオー》と呼ばれる地方の標高約九百メートルにある村です。

牧畜はこの地帯のおもな産業。グラン・シャレの周辺には農家が散在し、山々の森の間に、緑の牧場が広がっています。そこには牛の群れが大きなカウベルを木霊《こだま》させ、何世紀も変わらない山の暮らしの長閑《のどか》さを伝えます。

長い冬は雪に埋もれ、芽吹きで膨らんだ梢に小鳥が囀《さえず》り、柔らかい土がもっくり頭をもたげて春を迎え、甘い香を撒《ま》き散らす野花が次々に咲き競う夏が訪れます。いつもはひっそりしている村の道も山歩き人が行き交い、その笑い声や話し声で賑わいます。木々が色づき始め、牛の群れが山上の牧場から行列をなして下ると秋の到来。どの家にも屋根から煙が登り始めます。

移り行く季節ははっきりその姿を残し、動物はその中で寄り添うように生きています。村では今も、耳を澄ますと自然の鼓動が聞こえてきます。

村のプロテスタントの教会。時を告げる鐘の音が清らかに村中に響きます。

グラン・シャレの壁面は聖書からの箴言《しんげん》が刻まれ、植物や鳥、動物たちが彩色されて美しく描かれている部分もあって見事な建築物。スイスの文化財になっています。

広大な屋根と軒先は大きな鳥の翼のよう。庭側から。

ロシニエールの無人駅。乗る時は合図の信号を押して電車に知らせます。

ホテル時代の外観や各部屋、周囲の村の様子を偲《しの》ぶ古いポストカード。

グラン・シャレは最初この地の豪農アンショウ家の館でした。現在のバルテュス財団の展示場はもとはチーズ倉であり、ホテル時代になってからは食堂として使用されていました。十九世紀からすでに英国人の経営する旅籠《はたご》として、ヨーロッパでは有名で、外国からのお客で賑わっていたところでした。フランスの文豪ヴィクトル・ユゴーも客人として訪れていたことが、当時のホテルの宿帳に記されています。それ以後彼の名をつけたサロンとなり、私たちの時代に食堂となりました。

家でユゴーの詩の朗読会を催したことがありました。

巨大なる天体　紅に沈みゆき
黄なる大樹の林　ただひとつ
丘を金に染めなせり……さながら森は錆びたり

――「夢想」より

この時そのままの外の風情を瞳の中に躍らせて、口には葡萄酒を含ませながらユゴーの間で詩心を味わったのでした。

窓外には美しい山並みが望め、緑が香ります。

ユゴーの間　Salon de Victor Hugo

文豪ヴィクトル・ユゴーが宿したことのある旅籠グラン・シャレ

《インド布の上の静物》　描き入れた同じ布をインテリアに。日常使いする蠟燭《ろうそく》消し、灰皿などが置いてあります。

《マンドリンのある静物》　布の美しさに魅かれて。

親しい方とのお茶の時間は食卓布と使用する器の調和を考え、添えるお花もさりげなく。壁面に自作品《アトリエからの眺め》を掛けて。

居間 Salon

木の温もりに抱きしめられて…

スイスの山の街グシュタードには、ローマに暮らしていたメヂチ館時代から、夏を過ごしに来ていました。ある日、友人から近くにある古風なホテルにお茶を飲みに行くお招きを受けました。一九七六年八月が、グラン・シャレとの初めての出会いとなったのです。そしてこのサロンに導かれたとき、天井や扉の全て木で出来ている見事な造りに皆歓声を上げ、座る間ももどかしく立ち上がってあたりを眺めまわしていたのが、昨日のことの様に思い出されます。奇しき縁で翌年には我家となり、三十二年が過ぎました。今でも度々《たびたび》〝あっ〟と息のむ美しさに驚かされるのです。常に新たに人心を感動させる作用は、真の美のみが宿す神秘な力。

人生の旅路でしばらく留まるところを我家と呼び、愛をこめて仕えればそれに愛をもって応えてくれるよき伴侶。

ライティングビューローの上には家族の写真。

各家、暖炉の薪《まき》を十分に準備して冬を迎えます。

木の香りが漂う壁面にはバルテュスの作品《馬上の自画像》が。

薄《う》っすらと降った雪は美しいのですが、これから長く厳しい冬が始まります。

バルテュスの誕生日は2月29日。そして命日は2月18日。
寒い冬の最中ですが一番大切な月でもあります。

画室 Atelier

絵筆は窓の向こうの山の聖霊に導かれるままに…

制作中の《青い花瓶のチューリップ》。習字用の和筆も交じる机の一隅。岩絵の具などを使用済みの香水瓶に入れて。作品はガッシュで描くことがほとんど。

着物でアトリエに入ることが多く、木綿絵絣《えがすり》の水屋着とお揃いに作った長い前掛けを愛用。没頭して何もかも忘れます。

一枚の紙が、絵の具、筆、描く手を通して、花や果物、風景や人物に変化するところ。無垢で平らな表面に起伏や色香をそえ、ある定められた命を与えるのが絵画。そうする使命を前にして、いつも新しく仕事を始めるときは静かな興奮を感じます。一日中の変化少ない光の強さを保つ北明り窓が、画室には適切なので、初めはホテル時代の玉突き場をアトリエとしました。北西の角に位置している大きな部屋で大変寒く、黄昏《たそがれ》早い冬期が長い山国なので、仕事時間が短いのも不利な点でした。それで四年目には今いる南窓の仕事場に移りました。直射日光を避けるため、カーテンの開閉の手間かかるのみで、明るく暖かい場所で長く仕事できるのを喜んでいます。デッサン以外の仕事は自然光に限ります。色の力、他の色との相互関係を洞察するには、太陽の力のお助けが必要です。技術が進み電気の光が日の光に近づけたとしても同じではないのですから。

南に面した窓から自然光が入り、色を洞察するのに好都合のアトリエは暖かく、寒い冬の仕事も気になりません。

1階左側の4枚のガラス窓のところがアトリエです。春の明るい日差しの中で庭側から見たグラン・シャレ。

以前はこちらが食堂でした。お気に入りの食器が2棹の食器簞笥に入っています。
大勢のお客様のときには、ここでビュッフェ式のおもてなしをします。

ビュッフェの間　Buffet

出番を待つ間
勢揃いした洋食器

この部屋は最初は食堂でした。他のどの部屋よりも木張りの床の軋《きし》む音が強く、お給仕のスタッフが動く度《たび》に会話できないほど。しばらくして食堂をヴィクトル・ユゴーの間に変更しました。お客様が多い家ですので、今はここをビュッフェの間として使っています。この部屋にはホテル時代にはなかった食器簞笥が二棹《さお》あります。食器好きですので三十年以上ここに住んでおりますから、段々に集まってきて、今ではこれ以上増えたら入れる隙間がないくらいぎっしり詰め込んであります。

十人以上のときはビュッフェスタイルにすることが多く、メニューを決めてからこの部屋に入り込み、あれやこれやお皿を取り出して選ぶとき、絵の構図を考えるような楽しさを味わいます。お客様も家のスタッフもなく、家族もパリ、久しぶりにたった一人になるときは、この部屋で自分で用意した食事を、軋む音を友にして味わうのはなかなかよいものです。

受け継いだ漆の器を取り出してお正月の準備。

私が絵を寄せました
英訳の泉鏡花『高野聖』はニューヨークで
1995年、300部限定出版されました。
アメリカ在住の版画家の手により
実現した挿絵は木版です。

読書室 Bibliothèque

美術書から日本の古典まで、膨大な蔵書

大きな暖炉があり読書が落ち着いてできる部屋。入りきらない蔵書は3階の書棚にありますが、どこの書棚も一杯になってしまいました。

情《こころ》の陽炎《かげろう》たちこめる砦

自分の部屋は偽りのないあるがままのわが状《さま》を映す鏡、誰にも見せることの出来ない悲哀の涙を思い切り流すところ、秘める愛の吐息や自ずと迸《ほとばし》り出る懐古の呟《つぶや》きを留《とど》めるところ。寝台に横たわり幽暗《くらき》中、じっと見据える天井には真夜中に広がる憂色《うれい》の思いが染み付き、果てしない夢想に遊ぶ興奮をそっと抱きかかえる四面の壁。

今までの小さな寝台をインド製の大きな寝台に替え、衣装箪笥の位置を窓辺に移し、長椅子を取り除いて大きな机を入れた結果、部屋全体がずっと大きくなった感じ。この机で原稿や手紙を書きます。周りを飛び交う無数の〝語〟の天使、その中から自分の〝念《おもい》〟にかなう天使を選び文字と成すのが書くこと。思考する喜びとそれを表す苦悩とを合わせ掬《すく》う空間。窓辺に差し込む朝日に揺すられその日の目覚めが生まれるところ。寂とした夜の眠りを静かに見守るところ、情の陽炎たちこめる砦。

上：年賀状、お茶のお誘い、お誕生祝いのカードなど、絵を描きこみ手で書くようにしています。
下：オルゴールのお人形は、長男を亡くしたときバルテュスがパリから買ってきてくれた思い出のもの。愛読書と並べて。

原稿を書いたり読書をしたり、考えごとなどあるがままの自分を出せるところ。
19世紀のスイスの伝統的な花模様の衣装箪笥が落ち着いた雰囲気に調和して。

長く使っていたスイス骨董のベッドをゆったりしたインドの木製のものに替えました。天井、壁面との一体感が出せてぐっすりと休めます。

かつては化粧室だったところ(P23)を替えました。
作りかけの手仕事もそのままにしておけますから、
戻ったときはすぐ始められ、はかどります。

手芸の部屋 Atelier de Couture

端切れ・ボタン・ビーズ、こわれた小物を山と積んで

幼い頃から小布や紙の切れ端が好きでした。そして子供のときからすでに物を棄てることに反発を感じていました。グラン・シャレにある沢山の部屋、りすが祠《ほこら》に木の実をためるように、布を置く部屋、旅行鞄の部屋、リボンと箱の部屋、紙を置く部屋にわけてせっせとためてゆくのです。以前は縫い物作業はアイロンの掛けられる洗濯室でしていましたが、化粧室を手芸の部屋に模様替えしてからは、縫い物用の小道具、その他必要とする全てをまとめて一所《ひとところ》に集めておけるアトリエが誕生し、ここに一歩踏み入れるとアイディアの宝庫、これから作りたいものを次々に思いつきます。手を動かして何かが生まれる、そこには握られた温かさの記憶と、つくる人の息吹が宿っています。

チョコレートや和菓子、化粧品の箱、包装に使われていたリボンなどをストックして再利用しています。

右ページ、右上から時計回りに：
シックなワンピースに春美のジュエリーをつけて。
左側玄関から続く廊下、右手前がサロンの入り口。
エキゾティックな佇いの春美の創作物。
猫のニシィモンもジュエリーが欲しいのでしょうか。

ケースの中には黄楊《つげ》の櫛、螺鈿《らでん》細工櫛、イタリア骨董のトルコ石の髪飾り。

バルテュス生存中、家には四人のフィリピン人のスタッフ、それに通いの女性を加えて五人が仕事をしていました。フィリピン人のメードの一人、アイーダは縫い物が上手で、何でも手早く器用に作る才能がありました。私はあまり細かいことに構わない方で、特にお化粧には関心がなかったのを見かねた彼女が「お化粧室を新しく作ってみたいのですけれど。私がメークをして差し上げます」というのです。

ある時私たちが十日間位イタリアに旅して戻ってきましたら、新たに化粧室が出来ていました。花柄布を全体に被せた庭椅子を洗面台の高さに合わせて置き、部屋の壁上は鉤針《かぎばり》編みのレースでくるりと縁取られ、可愛らしい部屋が誕生していました。

そこでアイーダが大張切りで髪結い、メークを長年してくれました。今はもうそのような贅沢は許されず、不器用な手ではみ出たアイラインを引いたり、髪の毛も一人で洗っています。写真を見ると古きよき時代が偲ばれます。

化粧室 Cabinet de Toilette

「ここで身支度を整え、時には髪結いやメークをして」

お化粧品の収納整理用に空き箱、缶を使って手作りしたもの。

トイレットペーパーのストックかご。蓋はカーテンと共布で。

レースをあしらった手拭い、ティッシュペーパー入れも手作りで。

メードの1人が調えてくれた愛らしいお化粧用の部屋。髪を結ったりお化粧したりしてくれた思い出が残っています。

バルテュスに愛された"ミツ"(上)とその息子"三本足"。猫アレルギーのお客様のときに留めておく場所にしたところ。
この他にまだ2匹います。

家には今、四匹の猫がいます。シャルトリュー種〝ミツ〟と息子の〝三本足〟(足が一本なくて生まれました)、ビルマ種の〝ニシィモン〟と息子の〝ピトピット〟です。娘がパリ住まいとなり、ピトピットは一緒に連れて行くので常住は三匹です。

猫の王様バルテュスの家でしたので、猫が大手を振って存在できる家。お客様も猫好きな方が多いのが幸いですけれど、時には猫アレルギーの方もあり、そのようなお客様をお招きするとき、猫があちらこちら、ウロウロしないように作った場所でした。ニシィモンは扉の取手に飛びついて開けることができるので、鍵を掛けないと猫たちはサッと部屋外に出てしまいます。飼っている動物の幸、不幸を決める全てを委ねられているのを忘れないようにと思いながらの動物との共の生活です。

骨董のオルゴールの猫は3匹。
可愛い音を奏でます。これは画家の猫。

猫の部屋 Chambre de Chat

猫の溜り場。いつしか集まった猫コレクションを置いて

いつの間にか集まった猫コレクションの一部。

バルテュスが13歳のときリルケの序文で出版された
絵本『ミツ』の40枚のドローイングの複製。

太陽が降り注ぐ庭に面した明るい部屋。このソファでよく遊びます。寝台は左の壁側に。

仙の部屋　Chambre de Sen

初孫のために新たに調えた寝室と着替え室

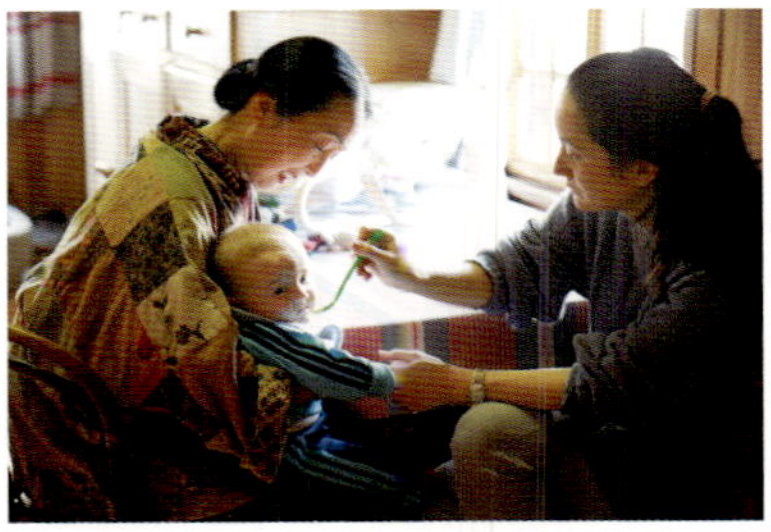

離乳食を食べさせたり、春美ママのお手伝い。身近に幼い命のある幸せをかみしめています。

初孫の誕生を控え、グラン・シャレ中での子供部屋選びのとき、娘、私に第一候補として頭に浮かんだのが〝植物の部屋〟でした。パリで仕事をしているスイス人のブノワという名の写真家が春美のパートナー。普段はパリで生活していますが、子育てはできるだけ静かで空気のよい山でさせたいとの希望を持っている二人なのです。

東と南に窓が二枠ずつ、八面のガラス窓を通して朝から昼間中、燦々《さんさん》と太陽の降り注ぐ明るい庭に面した部屋を選びました。植物の鉢を〝旧カナリアの部屋〟に移動させるのが大仕事でしたけれど……。赤ちゃん時代のブノワの寝台を用意し、その上に天井から吊るす薄布のカーテンのみ新調しました。洋服箪笥は私がデザインした春美用のものを使い、赤ちゃん用の小物もほとんどが元春美のもの、布を男の子用に替えて再使用。

私の子育ては、メヂチ館時代、公職にある身でしたから、子供部屋もはるか遠く、ナース任せがほとんどの毎日でした。

まぶしいほど明るい日差しの中、窓から入る松風のそよぎに孫を持つ喜びがゆらゆらと湧き出る幸せをかみしめています。

CHAPITRE 2

花のあとさき

季節から気の力をいただいて

GRAND CHALET

雪の中で迎えるお正月。少しでも新年を寿《ことほ》ぐ気持ちを表したいと心をこめての設《しつら》えをしています。食膳は和食器を中心にして、祖母から譲り受けたお雑煮の椀、お屠《と》蘇《そ》の道具、家紋のついた重箱などで。お料理は揃えられなくとも工夫することで、受け継がれてきた尊い思いを伝えます。新年の花器に必ず使用するのが、裏千家十三世家元作の竹花入れ。「花もなき、実もなき枯れ木を活けてみよ、心の花に何かまさらむ」の一首が認《したた》められているものです。支度をしていると、いつしか少女時代に過ごした懐かしい家族との思い出の中に入り込んでしまいます。

観世水《かんぜすい》の模様のある竹花入れ。

外は枯野、庭は枯れ園。千年の翠の松の一枝で願う新玉の思い

花と花器の調和を大切に選びます。
紬《つむぎ》の着物に玩具《おもちゃ》柄の塩瀬《しおぜ》の染め帯で。

元旦の祝い膳は和食器を取り揃えて

受け継いだ漆の食器が新春にふさわしい演出をしてくれます。グリーンアスパラガス、キャビア、イクラ、サーモン……。お椀にはお雑煮の代わりにコンソメのスープ、お屠蘇はウオツカ、すべてスイス山国で揃えられる食材での工夫です。松と猫柳、赤い実ものの枝を、石をくりぬいただけの一輪挿しに活けて、寿ぎの心といたします。

グラン・シャレへ父が晩年
自ら届けてくれた色留袖

平安絵巻模様の古典的な色留袖は義理の母の形見分けの品です。義母亡き後、父はこの着物を携えて訪れ、直接手渡してくれました。落ち着いた色調と豪華でありながら細やかな刺繍が新年にふさわしい一枚。この着物で結婚式にも出席しました。友人から贈られた黒地に狂言文様調の丸紋の袋帯を締めましたが、写真右のような豪華な刺繍の袋帯と合わせると、イブニングドレスの感覚で装えます。

「凍て土を割って芽吹く命。再生の季の到来に心弾ませて」

庭師と花暦を話し合うひととき。

丈の低い早咲きのチューリップ。開いた花顔が微笑んでいるよう。

早春に咲くムスカリと野生の桜草を小さな器に活けて朝の食卓に届けます。

残り雪の間からクロッカスやスノードロップが満ち足りた眠りから覚めたように、庭のところどころにそっと顔を覗《のぞ》かせます。長い間雪に閉ざされていた冬あらばこそ、巡り来た春を光の中に感じる大きな喜びのとき、そしてかけがえのない命たちとの再会を感謝するときでもあります。土の匂いがひとしお生きる命と結びついて。

香りも楽しみたい小花の食卓花

小花模様のジャムの入っていた器やモロッコのインク壺など、背の低い花々を入れるのにふさわしい花器としてよく利用します。テーブルセンターにたくさん置くと、庭の花々のおしゃべりが聞こえてくるようです。英国骨董のプレートにはごはんのサラダと魚のエスカベッシュ。

3月、凍てついた土から春告げの花々が顔を覗かせます。突然の春の雪もありますから、そのコントラストに思わず絵筆をとりたくなる庭景色の日も。スノードロップ、ムスカリ、ヒヤシンス、そしてチューリップ。早春の花暦は柔らかな日差しまで運んでくるようです。

雪国の春なればこその
百花繚乱。
お花見も大忙し

グラン・シャレのお庭も花盛りの季節。まるでシンフォニーを奏でているように競い合って咲いています。風は甘やかな香りを運んできてくれますし、こうした暮らしができることこそ、一番の贅沢なのではないでしょうか。自然の恵みの中で、ともに生きることができることに感謝する春の日々。山国なればこそ、その喜びもひと

6月の前庭に咲く卯の花

「卯の花の匂う垣根に…」(＊)で知られるその卯の花がグラン・シャレの玄関先にあり、いつも見事な花房を見せてくれます。切り花としてはその時だけの儚《はかな》い花ですが、大枝をたっぷりと白の花器に活けて、この季節のビュッフェの間での大勢のお客様の設えにいたします。特に女性を中心とした朝のお茶時には、朝露まで添えられるような清らかさが何よりの「おもてなし」となります。

(＊『夏は来ぬ』より。作詞は佐々木信綱)

しおです。

この時期はグラン・シャレだけでなく、ロシニエールの村中が花の中にあるような季節となります。ですが、標高が高いため藤の花はありません。和の雰囲気を醸し出す花ゆえに、心魅かれます。藤の古木のあるテッサン地方へ車で一時間、お花見に出かけるのを毎年楽しみにしています。桜の古木もありますから、村々をゆっくりと巡りながらのお花見行き。顔なじみの花々との久しぶりの邂逅《かいこう》もあれば、偶然の出合いを得て、新たな花木を見つけることも……。

桜の花見はテッサン地方に出かけます。

庭に咲く愛らしいタイツリソウ。

杏の花もほころびました。

鮮やかな紅はハナズオウの花。

柳緑のカーテンの下、風も芳しきガーデン・ティー

アフタヌーン・ティーのひととき

バルテュスが元気だった頃、絵の制作でお昼をとらないことがほとんどでしたから、お茶の時間はトーストパンのハムサンドイッチを用意しました。午後のお茶にはダージリンにラプサンスーチョンを調合したものをよくいただきました。お客様をお招きするときは、好みもありますので緑茶や草花茶など複数用意します。最近はヨーロッパでも健康志向のせいか緑茶が人気。煎茶やほうじ茶、麦茶なども喜ばれます。初夏には庭の柳の木陰にテーブルを出して楽しみます。汗ばむ陽気には冷たくした草花茶。手作りのお菓子もいろいろ用意して過ごします。

「日差しの加減ではアイス・ティーも。甘いお菓子をたくさん焼いて」

午後のお茶はバルテュス生前からの慣わしで、現在も続いています。庭では柳の下が程よい陰を作りますので心地よく、少し汗ばむほどの初夏も、冷たいお茶が美味しく味わえます。〝グラン・シャレ茶〟としていろいろな種類のお茶を調合して楽しんでいますし、芳香茶は季節にこだわって調えます。また庭の薔薇で手作りした自家製花茶は香りが一段と素晴らしく珍重しています。

　こうしたときはクレープやタルトなど、お菓子もたくさん用意して、ペイダンオー地方独特のメレンゲもダブル・クリームをたっぷりつけていただきます。

英国骨董の愛らしい器。薔薇の季節に使えば薔薇尽くしに。

右上：柄の先が福々しい意匠の銀製スプーンはバルテュスと京都旅行をした折に見つけたものです。
右下：紅茶はローザンヌにある行きつけの茶舗から。季節ごと、あるいはお客様の好みに合わせて、自分で調合してから淹《い》れます。
左上：急須や茶器、漆のお皿など。旅先で求めたものですが、日本茶や中国茶をさまざまに楽しむことも多いので日常使いしています。
左下：使い込まれた庭の籐椅子。キリムなど中央アジアの織物を利用したクッションを合わせています。

メレンゲ（左ページ上）
ペイダンオー地方独特のメレンゲのお菓子。濃厚な生クリーム〝ダブル・クリーム〟をつけていただくのがこの地方の食べ方。

苺のタルト（左ページ下）
さっくり焼いたタルト生地に大粒の苺を置いて、自家製の苺シロップを煮詰めてとろとろにしたソースを上からかけます。

牡丹と菖蒲《あやめ》。五月の庭に咲き競う艶やかな貴婦人たち

ガーデン・ティーへの招待状を
手漉《てす》き和紙の葉書に描きました。
これは牡丹の花をテーマに。

牡丹は南フランスから、菖蒲はローザンヌ近くの
ヴュイユラン城アイリス園から、それぞれ苗を取り寄せました。
品種もたくさん楽しみたく、悩みながら選びましたので
これらが一気に咲く5月の庭はそれはそれは贅沢な
眺めとなります。

グラン・シャレの正面玄関は
北向きなので、プランターには
元気のいい花を選んで。

上と同様、菖蒲が一番美しく
咲き揃う日を選んだお茶会への
招待状です。

初夏からのグラン・シャレ花名鑑。上段左は小手毬《こでまり》。その右隣から2段目右端までは牡丹と菖蒲。変わり咲きの白い牡丹は土が合っていたのか毎年見事な大輪の花を咲かせてくれます。盛夏には紫やピンクのルピナス（下段左と中）やクレマチス（下段右）の花が彩りを添えます。

薔薇の噎《む》せるような香りに包まれた六月のグラン・シャレは地上の楽園

初夏の庭に次々花を咲かせる香《かぐわ》しい薔薇たち。丹精込めて育てた植物の開花、何にも増して嬉しい季節の到来です。

薄紅色の小紋の単衣《ひとえ》に薔薇の花の染め帯を締めて。今は亡き愛犬フランドールとの思い出にも繋がる大切な写真です。

〝婚礼の日〟と名づけられた這《は》い薔薇が母屋の壁を伝い、野薔薇のような白い五弁の花をほころばせる頃、他の薔薇たちがやはり競い合うように咲き始めます。朝はどの薔薇が咲いたかしら、と自室から庭を眺めるのが楽しみです。そして朝露を載せた花へ挨拶をするために庭へおりるのです。

　雨の翌日などは淡い色の花弁には、雨のためにシミがついて傷んでいます。庭花を切るのはいつも忍びなく、はさみを入れることについ躊躇《ちゅうちょ》してしまいますが、シミのついた花頭は薔薇の木のために、と切り取っていきます。手入れのときには花に言葉を掛けながら進めていくのが常です。

　この薔薇の花頭用の花器があるのも嬉しく、アーチ型に載せながら束の間の花の命を慈しみます。

「朝摘みの咲ききった薔薇の花頭を集めて」

庭の薔薇はオールド・ローズがほとんど。中でも鈴なりに小さな白い花をつける這い薔薇(上段右)は「ウエディング・ローズ」と呼ばれる大切な庭木です。今やグラン・シャレの白壁まで大きく弓なりに幹を伸ばし、地に届くばかりの長いヴェール。幸せの象徴です。

クリスタルの花器は花頭を飾るためのもの。開ききった薔薇を今ひとたび愛でるために華麗な姿を繋げます。

雨で傷んだ花、開ききって花びらが散りそうなもの……こんなにたくさん摘んでしまいました。花頭をお部屋にもう一度輝かせましょう。

グラン・シャレの裏手に設けられたささやかな菜園。大家族ではないので充分すぎるほどの収穫量です。

わが家自慢の《ポタジェ》。丹精込めた野菜の滋味・旬味

庭の花園から一段下ったところに菜園《ポタジェ》を作って十年以上が経ちます。標高の高い寒冷地ですから種類は多く望めませんが、無農薬でサラダ菜、ハツカダイコン、キャベツ、ナス、トマト、インゲンなど、限られた季節だけですが、わが家で作ったお野菜は食卓に欠かせないものになりました。小さなエゾイチゴを見つけると、摘みながら口に入れてしまいますので食卓まで届いたことがありません。

　大地の恵みをしみじみと感じる庭花、野菜などの手入れは時間の許す限り、自分でするように心掛けています。

「ポタジェ・デュ・ロワ」という王様の菜園のごとく、日々いただく野菜を自分の庭で収穫すること。これは何より得がたい喜びです。

小さな実をつけるエゾイチゴ。

やわやわした葉に包まれたキャベツ。

プリーツレタスの一種。無農薬栽培なので生食も安心です。

ネギのように葉を伸ばしたエシャロットの畑。

秋の結婚式のお招きを受けて若竹色の色留袖を纏《まと》いました。松に桐、金の柳など華麗ながら色を抑えた古典柄に、帯は叔母から譲られた綴《つづれ》を合わせて。取り合わせも気に入った装いになりました。

短い秋を追い駆けて、冬への扉がゆっくり開く頃

雪の季節の到来前に樅《もみ》の枝を使って、すべての薔薇の木を覆います。どんなに深い雪に埋もれてもふっくらと毛布のように守ります。

柊《ひいらぎ》の赤い実と宿《やど》り木の白い実を玄関の入り口に下げます。この下をくぐった人には幸せが訪れるという西洋のいいつたえがあります。

降誕祭《クリスマス》。永久《とわ》に繁る樅の木飾りは《家族の形》と共に

降誕祭の一週間前くらいに大きな樅の木を求めに出かけます。小さな紅白の蠟燭《ろうそく》をたくさん灯《とも》しますので、枝の釣り合いの美しいものを選ぶように心掛けています。毎年新たにオーナメントを買い足すのは何よりの楽しみ。今年は吹きガラスの色とりどりの玉、天鵞絨《ビロード》の十字架、小鳥もお仲間に加わりました。幼い孫のために窓に大きな星形を、児の手柏《コノテガシワ》の葉で飾りつけました。その星の中には娘の遊んだお人形で妖精を模したものを入れ込んで。少しずつ変わっていく樅の木飾りは、その時その時の、家族の形でもあります。

上：隣町シャトーデーのクリスマスのイルミネーション。ささやかさが、愛しい。
下：樅の木の市場で。飾りつけが映えるには枝ぶりが大切と必ず足を運んで選びます。

クリスマス・オーナメント。毎年少しずつ新しいものを買い足していくので相当な数となりました。それぞれ思い出深いものばかりです。

ボルドーワインの静物画

右はボルドーワインのシャトー・ムートン・ロートシルトの1991年のボトルですが、ラベルの絵は私の作品。毎年、世界中の画家から１人が選ばれてこのワインのための絵を描くのですが、バルテュスは1993年にニンフの作品を寄せました。普段ほとんどお酒はいただきませんが、お祝いの日にこうした特別なワインがあると食卓も華やぎます。

降誕祭の頃のお茶時。訪問の多い時期ですから、いつ来客があっても慌てないように、お菓子はたっぷり準備しておきます。英国のクリスマス・プディングやイタリアのパネトーネなど、この時期ならではの品を用意するのも楽しみです。

聖書からの箴言《しんげん》と絵模様が装飾された壁面に、窓の灯りが加わったグラン・シャレの夕景を門扉から見上げます。窓の数は庭側の分も入れると全部で14あります。

CHAPITRE 3

手が紡ぐ豊かさ

私の手芸アルバム

GRAND CHALET

刺繍あしらいのナフキン入れ

毎日食卓で使うナフキン。家族のものは、その昔日本にあった銘々の箸箱のように自分用のナフキン入れがあります。汚れがひどくなければ同じナフキンを2、3日は使います。クロスステッチ用の布を用いて、刺繍は蓋になるところに縁の柄が出るように施しました。もちろん家族それぞれ違う模様のクロスステッチ。出来上がりが28×14㌢になるように三つ折りにして縫い綴じます。

家族と囲んだ食卓の思い出

バルテュスが元気だった頃、一番大切にしていたのは朝食の時間でした。午前中はすっかり別棟のアトリエに籠《こも》り、昼食をとらずにお茶の時間まで制作に集中するバルテュスですから、朝はしっかりいただくのが常。卵はいつも四分間ボイルした半熟卵、村のパン屋さんのクロワッサンに苺のジャム。オートミールも好みでしたが、お水で茹でただけの塩味の素朴な「純スコットランド風作り方」が決まりでした。飲み物は紅茶で、朝にはダージリンとアールグレイを半々にブレンドしたものを用意しました。

卵は家族それぞれ好みの茹で具合もあり、その区別と保温のためにエッグ・キャップを愛用しています。スイスは寒冷地ですので、保温も兼ねてカバーリングする手作りの品が食卓では重宝します。パンかごも内側を布でふんわり覆って、蓋をつけました。また、こちらでは蒸した馬鈴薯《ばれいしょ》をよくいただくのですが、これも蒸し上がりを綿入れの布で包んでから、すっぽりかごに入れて食卓に出すのです。このかごの愛称は「いづめこちゃん」。その格好が山形県の工芸品「飯詰籠《いづめこ》児」人形に似ているのです。

刺繍で飾った蓋つきパンかご（左ページ）

長年愛用しているパン入れです。戴き物で直径20㌢の果物かごをリフォームしましたが、身近なものを転用すればよろしいでしょう。かごの内側には木綿の布を縫いつけます。蓋は段ボールをかごに合わせて丸く切り、それを包む2枚の布を用意して、表となる側に刺繍を施します。段ボールの両側に薄く綿を入れ込んで2枚の布を綴じ合わせます。蓋中央のつまみにボタンをつけて完成です。使わなくなったレースの花瓶敷きを刺繍代わりにつけるなどしても。

朝食のエッグ・キャップ

茹で卵用のエッグ・スタンドにすっぽり帽子のようにかぶせて。保温効果と好みの茹で加減を間違えない目印に家族のイニシャルを刺繍します。素材は木綿レース糸。スタートの鎖編みは卵の円周になるので16㌢ほど。長編みとこま編みを好みで組み合わせて、輪のまま寸胴に編み上げてトップを絞り込み、小さなボタンやビーズをあしらいます。

小学生の娘が愛用した思い出の品、コップ入れとナフキン入れ

村の小学校へ入学して、お弁当を持っていくようになった頃の手仕事の品々。こちらでは日常よくナフキンを使用します。それを入れて持って行くナフキン入れと飲み物用のコップを入れる袋が必要でした。ナフキン入れは白木綿にリスや蝶々を刺繍して作り、コップ入れには内側にビニールで裏をつけ、水気があっても安心できるものにしました。

ジャム瓶のための花びらキャップ

使用したのは生成りの木綿レース糸。かぎ針の長編みと鎖編みを組み合わせて丸い敷物を作る要領で広げていきます。瓶の口から多少垂れ下がるように、5〜7段ほどで編み上げます。白い木綿生地を瓶口より余裕をもたせて丸く切り、裏にゴム紐をくけ綴じてピタッと蓋に留まるように調整します。この木綿キャップにレース編みを数ヶ所綴じつけ、完成です。

お茶の時間の小物や器。骨董も和と洋を組み合わせて季節のコーディネートとします。

ティーポット用おしゃべりオウムのミトンの作り方

❶イラストを参考に型紙を作り、ベージュのフェルトで2枚、緑色のビロード地で2枚用意します。
❷ビロード地に緑の刺繍糸で羽模様をチェーンステッチで刺していきます。
❸フェルトが内側でビロードが表にくるように縫い合わせますが、その際、オウムの口を形作るために、ビロード部分を三角にカットすることをお忘れなく。これをイラストのように緑の刺繍糸を用いてブランケットステッチで縫い綴じ、お腹の部分をあけてミトン状にします。
❹目に黒いビーズを縫いつけ、その周りをオレンジの刺繍糸で囲みます。口部分も端はブランケットステッチで、中はチェーンステッチで仕上げます。

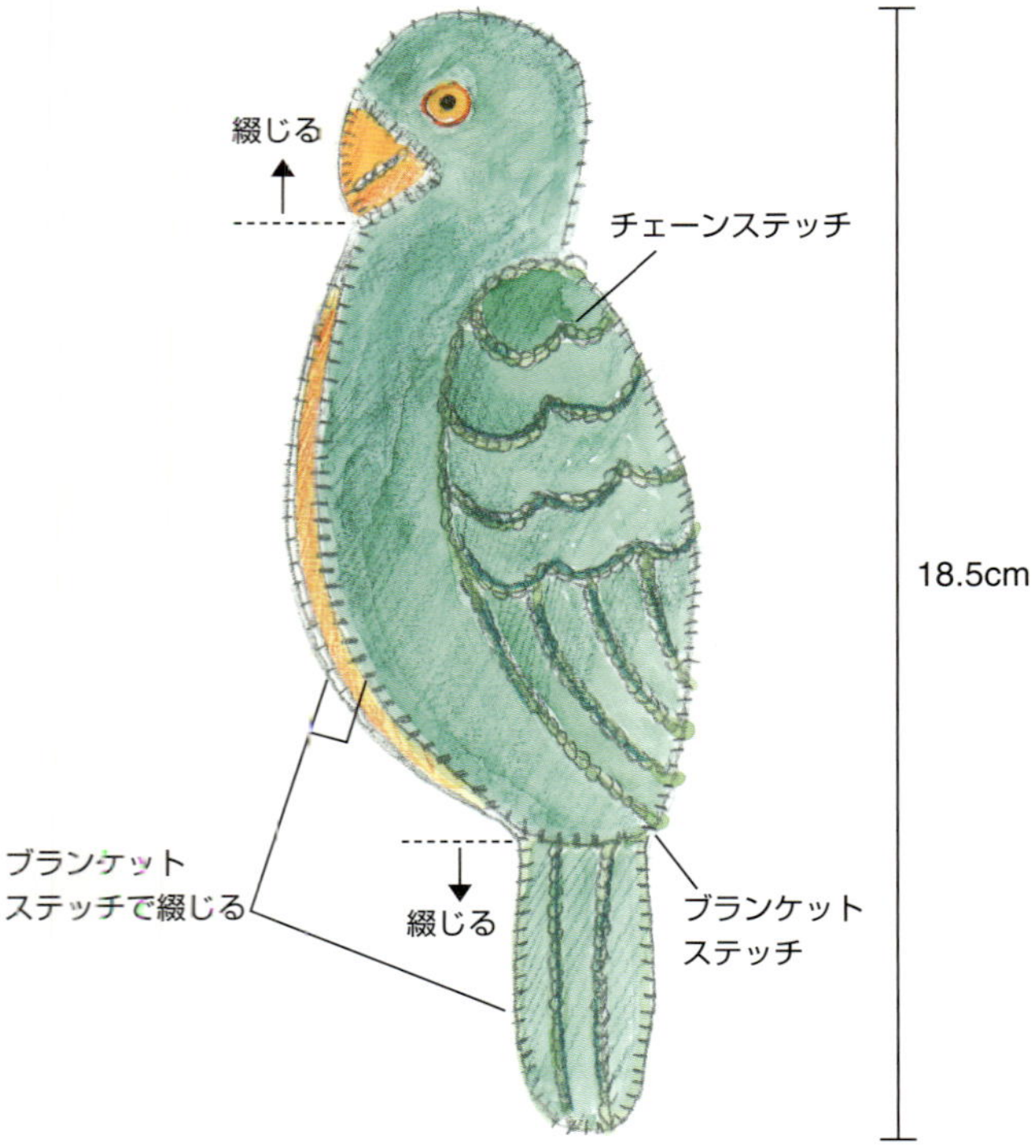

ティーポット用
おしゃべりオウムのミトン

お茶好きの家族ですから、季節のいいときは庭の柳の下で、寒いときはダイニングで、お茶の時間にとても活躍するのがこの取っ手のためのミトン。紅茶は熱いお湯に限るので、ティーポットを触るときは「ご注意、ご注意」とオウムが助けてくれるのです。使い込んですっかり擦り切れてしまっていますから、もう1羽オウムが必要ですね。

愛らしい木綿プリントの端切れで

乙女のハンガー

お客様用ばかりではなく、家中で使っているハンガーです。針金のハンガーに壊れ物を包んであるスポンジを巻いて、愛らしい木綿の布でカバーしたものです。上のギャザー部分を作るにはハンガーの長さの3倍の布が必要です。薄い衣類も滑りませんし、セーターなども肩のところに当たる部分が柔らかいので跡がついたりしません。

壁掛けポケット

客室の洗面周りの壁に掛けてあります。持参のヘアブラシや髪飾りなどの整理に自由に使っていただくためのものです。土台は麻布で作り、赤い糸の刺繍で飾りました。同じような袋を大小いくつも作りましたが、娘の春美に作った大きなものは、乗馬のときに必要な手袋や襟巻きなどを入れるのに重宝しています。

ピクニック・バスケットのおくるみ

簡単なサンドイッチと果物、飲み物だけでピクニックに出かけます。野原でのランチは格別。そんなときのために既製品のかごに布をあしらい工夫しました。かごの内側はしっかりした木綿を貼って底にクッションを入れ、蓋にはかごを覆うように長いフリルがついています。蓋の内側もふっくらと綿入れにして。厚みがあるほうが食べ物ばかりでなく器類も守ってくれます。

お裁縫不要の可愛い工作

ゲストルーム用の紙挟みとペン立て

お客様の寝室に常備してある紙挟みは、便箋や封筒、絵葉書を入れて自由に使っていただくためのもの。厚紙を2枚用意して表に絹地を貼り、裏は千代紙を貼って、ポケットなどをつけます。背を綴じたら開け口にはお揃いの紐を。中央には刺繍による女性像。周りを赤いビーズであしらいました。奥のペン立ても同じ青い絹地と赤いビーズで作りました。円筒形の缶や紙箱を使います。

下から上へ：グラン・シャレにある箱やリボン専用の収納部屋。香水や化粧品の箱は、いつかリフォームしたいものばかりです。老舗《しにせ》のリボンは色もシックで捨てられません。

リボン編みの重宝箱

ファクシミリのお便りや書類など、とりあえず取っておきたいもの専用の収納ボックス。贈り物を飾っていたリボンなど上質素材で棄てられず、いつか使おうとコレクションしておいたものを活用して作るリサイクル手芸です。あとはボール紙などの厚紙や糊さえあれば……というシンプルな手仕事ながら、リボンの縦横の配色を考える時間は、実は何より感性のエクササイズとなります。

❶厚紙の上にリボンを並べ、配色を決めたら長さを揃えてカットします。

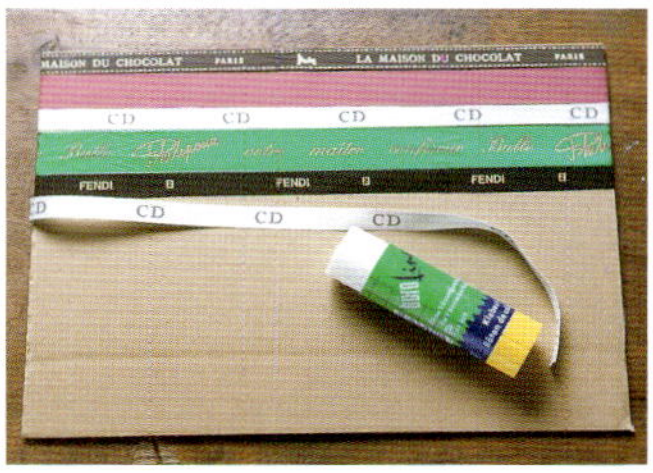

❷横にリボンを置いて、折り返した部分の裏を糊で留めていきます。

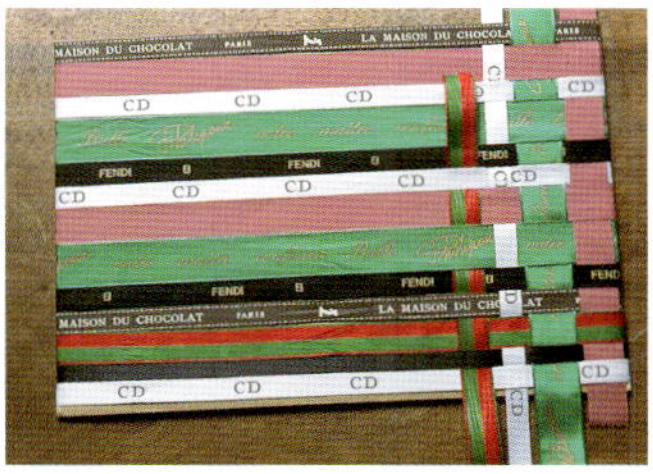

❸縦にリボンをくぐらせます。重なる部分にも糊づけして固定させます。

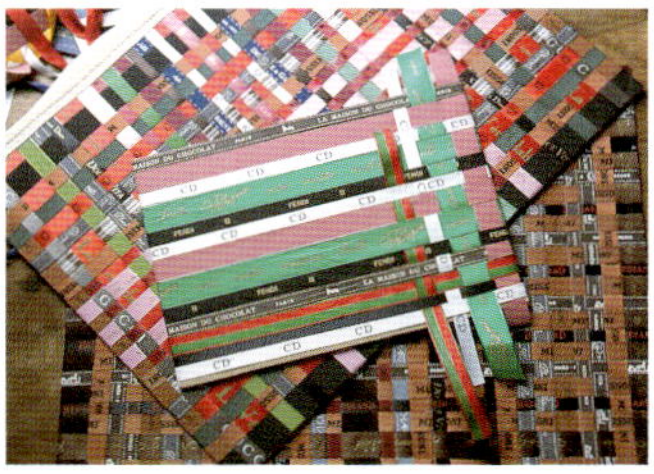

❹以上を4枚作り、組み立てて底をつけます。内側には紙を貼ります。

グログラン・リボンで作る
肩掛けお裁縫セット

「針仕事好きなあなたに」と、アメリカ在住の友人から贈られたものです。明るい配色のグログラン・リボン製で肩に掛けるようになっているので、針仕事中途でのアイロンがけや寸法を測るときなど、両手が空いて実に便利です。小さな針山と指貫入れ、はさみがついているこのリボンは針仕事が楽しくなるような魔法のリボン。すっかり気に入ったので、同じように手作りして手芸好きの方に贈ります。

針仕事が楽しくなる小道具

グログラン・リボンで作る肩掛けお裁縫セットの作り方

❶グログラン・リボンは45ミリ幅のものを
肩掛け用に長さ90センチ用意します。
リボン両端の左右を斜めに1センチほど折り、
三つ折りにして紐通しの輪を作って縫い綴じます。

❷指貫入れは❶と同じリボンを長さ15センチ用意し、
ポケット状にします。
苺など小さな針山をフェルトで作ります。

❸❶で作ったリボンの端の三つ折り部分に細めのリボン
(幅1.5センチ長さ37センチ)を通して、
❷の指貫入れと針山をつけます。

❹❸と同様にもう一方にも細いリボン(長さ40センチ)を、
はさみの手の輪に通して三つ折りにしたら縫い綴じます。

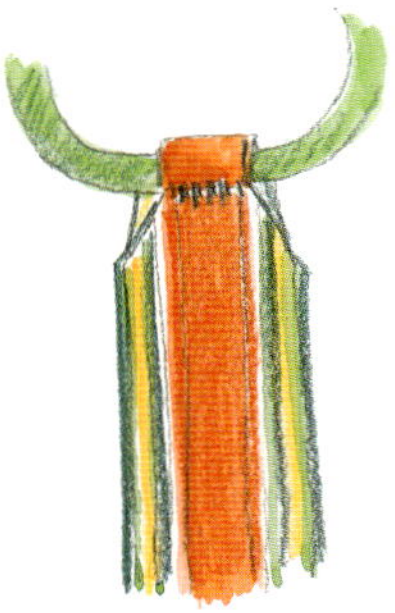

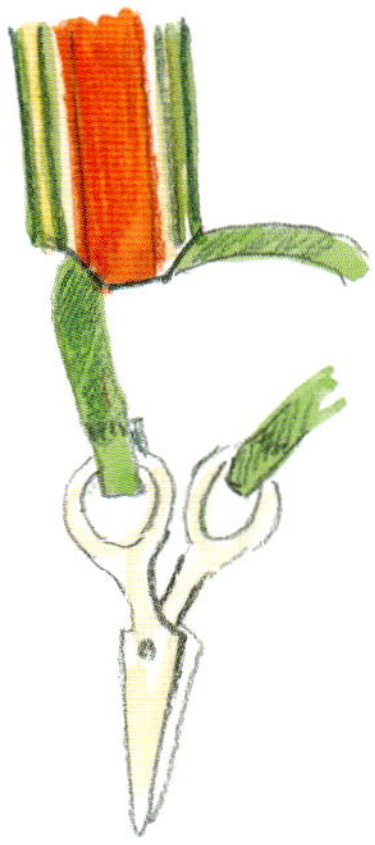

更紗《さらさ》とコールテンの便利袋

口の部分に紐を通した、まちのない袋物はだれもが一度は作ったことのある手仕事ではないでしょうか。これを愛着のある端切れでいろいろ工夫して作るのが好きで、旅先のお供に使っています。更紗の布は色が抜けてしまったので、柄に沿ってチェーンステッチの刺繡を施して味わいを加えました。コールテン地のほうも同じくチェーンステッチで縞《しま》を刺したのですが、こちらは集めておいた半端な残り刺繡糸を用いたので、糸のグラデーションが意外に面白い効果となりました。開け口に通す紐も残り刺繡糸を色合わせして鎖編みします。

草履《ぞうり》袋

旅先には草履を3、4足は持っていきます。白と黒の台は必ず、半幅帯を締めるような装いのときには畳表の草履も活躍します。草履には木綿地で専用の袋を作ります。足袋《たび》の側面を大ぶりにしたような形の自己流の型紙を作り、中表に重ね、袋縫いします。取り出しやすいよう完全な袋にはせず、仕上げます。写真のバイアス布のパイピングを施したものは自慢の最新作です。

帯揚げ・帯締め入れ

帯揚げや帯締めの色の差し方は和装のコーディネートの要。たとえ同じ着物と帯の組み合わせでも、小物次第ですっかり印象が変わりますから、旅先にも少し多めに用意して出かけます。帯締めでピンと来るものがないときに、あえて色違いを2本結んで、結び目を帯留めのように前に置いて締めることもあります。下の帯揚げと帯締め入れは双子の数寄屋《すきや》袋のよう。ダブルポケットが便利です。

着物旅に重宝する節子流・袋物

着物の端切れなど、いつか手仕事に活かしたい布は大切に専用の箱に入れています。

帯揚げ・帯締め入れの作り方

❶着物や襦袢《じゅばん》の端切れなど絹地76センチ×33センチを２枚用意して、周囲1センチを縫い代として裏側に折り、アイロンをかける。

❷この２枚を外表に重ねて周囲をくけて、袋状に縫い綴じる。

❸❷を横長に置いて両端を中に17センチ畳み、アイロンをかけて折り位置を決めたら脇の部分を彩りのいい刺繍糸で飾りステッチでかがる。

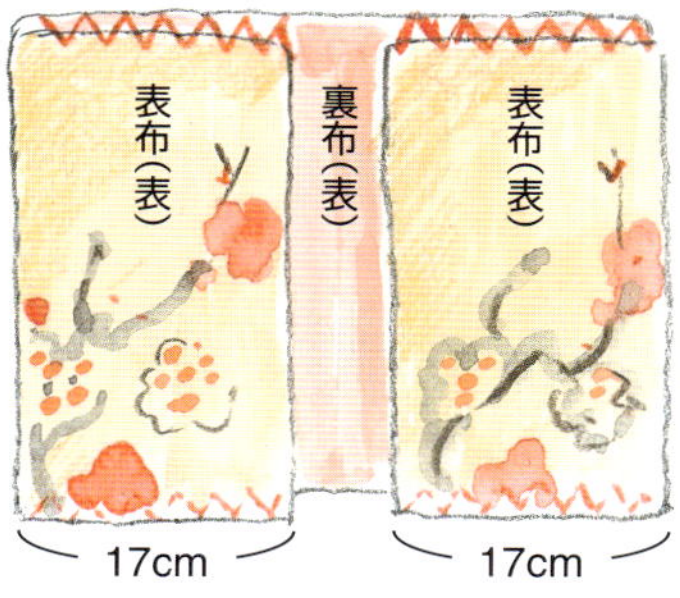

季節を描く、贈るクラフト

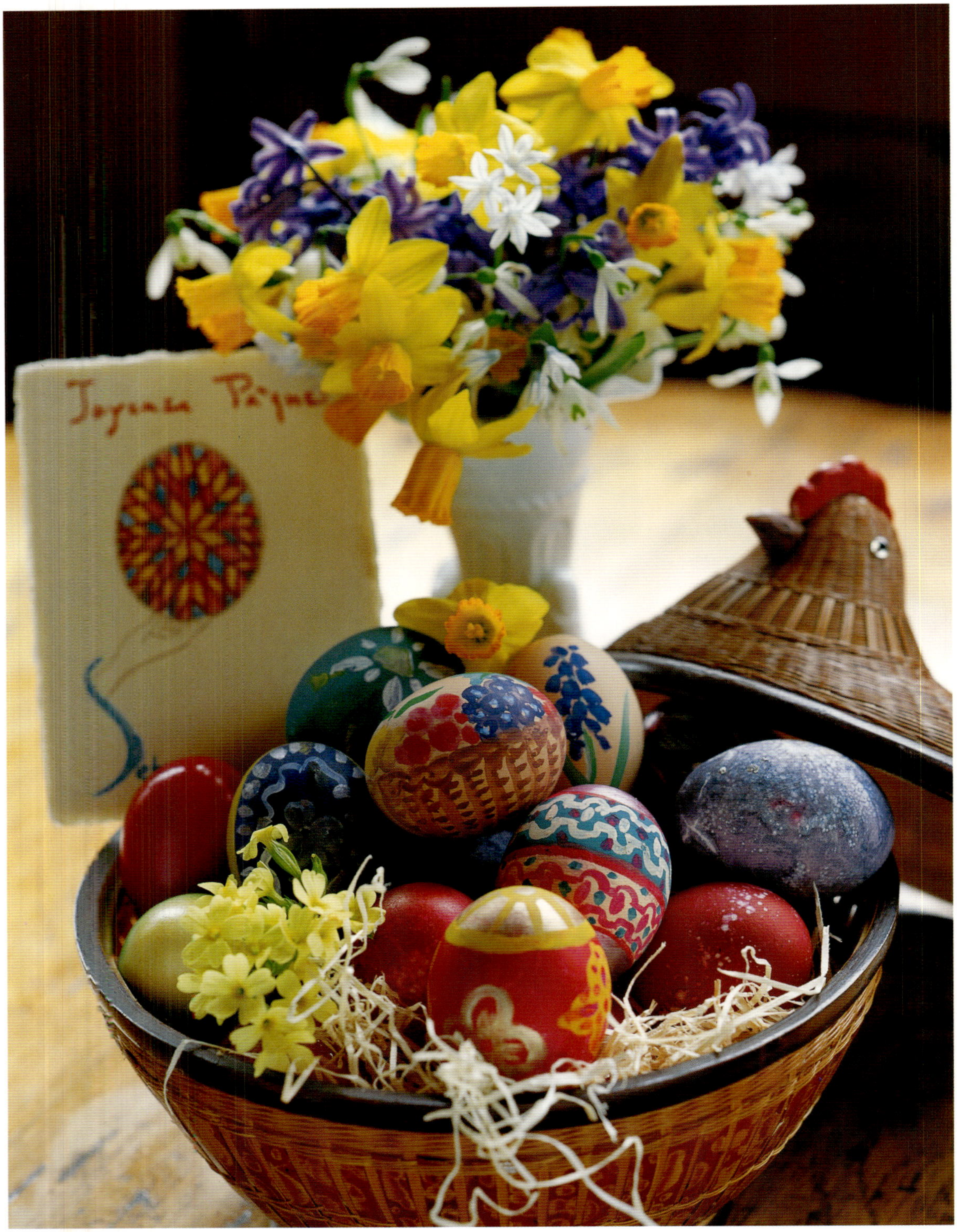

グリーティング・カード

復活祭のお祝いのカードは例年卵をモチーフにします。カラフルな文様を配した卵を持つ手。その手の差し出されたところに着物の袖《そで》のようにSのイニシャルを大きく書き入れてSetsukoと続けます。手と名前のこの組み合わせが気に入っており、お便りなどにも描き添えます。その手にはブーケを持たせたり、季節に応じてアレンジします。手は創造のシンボルで、何よりその人らしさを表す大切なもの。手仕事の魅力を見直していただきたい私のメッセージでもあります。

絵つけをした卵は、ニワトリをかたどった蓋つきのかごに盛って。

イースター・エッグ（右ページ）

復活祭が近づくと、町のお菓子屋さんには卵の意匠の飾り菓子やチョコレートが並びます。再生のシンボルである卵。素朴ながら彩色したり絵を描いて飾るのもヨーロッパ古来の家庭行事。復活祭には学校もまとまったお休みとなりますので、近所の子供と一緒にイースター・エッグの絵つけを楽しみました。球形なので意外に難しいもの。速乾性のアクリル絵の具は水で溶いても使えますし、便利です。春の庭に咲く花々をモチーフにするのもいいでしょう。

バルテュス愛用の品々

お誕生日やクリスマス、バルテュスへのプレゼントはほとんどを手作りしてきました。スリッパ、眼鏡入れ、チャンチャンコ、ベスト、化粧袋、書帙《しょちつ》……そうしたものをとても喜んで、身の回りに置き、使ってくれましたので、手渡したときの嬉しさを思い、心をこめて一針、一針縫い上げていきました。擦り切れて原形をとどめないまで使い込んだものもあります。

バルテュスは自らを芸術家ではなく職人、といっておりましたが、それほどに手で作り上げていくものを尊び、慈しんでくれました。

描いたり、縫ったり、刺したり、編んだり、手の温かさから生まれたものは愛着が強く、そうしたものが身近にあることで、何かしら心豊かになれるものだと思うのです。

バルテュスの寝室に残る愛用品。煙草、マッチ、眼鏡、菩提樹《ぼだいじゅ》の香りのコロンなど生前のままに。

浴衣《ゆかた》地と藍染《あいぞ》め布の巾着《きんちゃく》（化粧品入れ）

浴衣地をパッチワークして表布とし、裏にはしっかりした木綿のカーテン地を使って裏打ち、中に仕切りの袋も作ってあります。巾着型で紐は木綿の太い糸をしっかりと編んだものです。髭剃《ひげそ》り、櫛、歯磨き、コロン、バリカンまで、旅にはボストンバッグの中に必ず入れて持ち歩いていた、お気に入りの化粧袋でした。

絹地に手描き更紗風のスカーフ

1994年のクリスマスに贈ったものです。絹に布地用の絵の具で、中央にバルテュスの星座である魚座を配し、パレットと絵筆、市松模様など彩りよく丹念に描きました。周囲は三つ折り縫いでしっかりと返し縫いし、結んだり、解いたりしてもほつれないようにしてあります。たいそう気に入って四季を通して首に巻き、愛用してくれました。

時代を経た写真は時間と共に言葉が隠されているように、それぞれが語りかけてきます。

日本の端切れを使ったパッチワーク・ベスト

布の組み合わせを考えるのに、時間がかかりました。下絵を描きながら布を置いていく作業では、幾何学模様の面白さを表現したいと思い、布の色、柄の組み合わせを何度も繰り返し仕上げていきました。1枚の布のように出来上がったパッチワークを、ローマの仕立て専門店で縫製してもらったものです。暖かく軽いので上着の下によく着ていました。

ベストやチャンチャンコをパッチワークでいろいろ作りましたが、どれも気に入ってよく着ていました。パッチワークをするときは下絵を描いて、布の美しさを引き立てるように小さい布を組み合わせていきます。素材と色の調和が大切です。家では着物を着ることも多かったバルテュスですが、そうしたときはチャンチャンコを合わせて着ていました。

フランスで1982年
4フランの切手になった
バルテュスの《トルコ風の部屋》。
メヂチ館の部屋で描いた
ローマ在住の頃の作品。

バルテュスは読書家でしたから、旅に出るときはもちろん、家の中でもどこへ行くときも本を携えていました。アーサー・ウェイリーの英訳版で『源氏物語』を、ドイツ語訳で『万葉仮名』、それに『西鶴』なども英訳でよく読んでいましたので、疑問点があるとすぐ私に質問をしたのです。そんなわけで結婚後、学生時代以上に日本の古典をしっかりと学んだように思います。こうした面がある一方で、バルテュスはベルギーの漫画『タンタン』なども大好きで、春美が幼いときは一緒に読んで楽しんでいたこともありました。

傷むまで愛読した本のための書帙

本をやさしく包むための袋が書秩ですから、傷んでいる本の場合、柔らかな布が必要です。着古した浴衣、小紋など着物地を使ったり、木綿の洗いざらしが適しています。パッチワークをあしらったりして、ずいぶんたくさん作りました。表紙がなくなってしまった本も、綴じ糸が切れた本も安心してどこへでも持ち歩けます。

猫好きの家族への贈り物

バルテュスへ
猫の王様と女王様のクッション

画家バルテュスは猫の絵をたくさん描きました。また自画像には「猫王自身で描いた肖像」と添え書きするほどの猫好きでした。バルテュスが猫の王様ならば、猫の后は私でしょうか。さしずめ、ここグラン・シャレはそんな猫王の宮殿なのかもしれません。下の2つのクッションはバルテュスへの誕生祝いの品。アップリケに刺繍を施したものです。バルテュスは閏《うるう》年の1908年2月29日生まれで、誕生日も4年に1度でお祝いしたので、贈り物にもじっくり時間をかけて手仕事することができました。

娘の春美へ
愛猫ニシィモンを描いた木箱

動物を擬人化して描くことが多いのは、グラン・シャレでは家族も同然、いいえ、もしかしたら彼らが主人なのかしらと思うこともしばしばだからです。木箱の蓋に娘の愛猫ニシィモンを青い服の貴婦人に見立てて描きました。奥の番《つが》いのカナリアも当時、春美が可愛がっていた鳥たち。箱の内側には小紋柄の紙を貼って、ハートの中に誕生日のお祝いメッセージを書き入れました。

食卓で寛ぐ"ミツ"はバルテュスが溺愛した猫。

玄関ホールに飾られた《グラン・シャレのお茶会》

猫のティーコゼー（左ページ右上）
紅茶好きの家族でしたので、ポットの保温用ティーコゼーはいくつか作りました。四角いクッション型のこの品はすっかり使い込んで、朝焼けのようなオレンジ色の絹地は一部すり切れてしまいました。猫の家族の朝食風景を描いた布絵を中央に貼り置き、その周りを刺繍のテープで額縁のように囲みました。お父さん猫の手にしている新聞や後ろの壁に掛かるバルテュス風の絵画など細部もユーモアたっぷりに描きました。

猫のティーコゼー（左ページ左上）
やはり布絵を貼ったもので、グラン・シャレのユゴーの間でお茶の時間を楽しむ猫の家族を、物語を考えながら絵にしています。絵は絹地に描くと色彩や筆の風合いも活かされます。このティーコゼーは少し小ぶりのポット用に仕立てました。

猫のジュエリー・ボックス（左ページ左下）
既製の箱に布を貼り、周囲を刺繍糸でかがりました。蓋には少し綿を入れてふっくらさせ、上には手鏡を持った猫のお姫様の布絵（絹製）を配しました。バルテュスは手鏡を手にした少女の絵をよく描いています。ちょうどこの箱にぴったりの猫のペンダント・トップがありましたので、蓋に下がるようにつけ綴じました。

バルテュスと猫は深い縁で結ばれていました。生涯最後の猫となった〝ミツ〟が、食卓に上がってすっかり寛いでいる姿を目にしては「こんな風にしているときの気持ちのよさを思い出す」と、まるで前世は猫であったかのように語ることさえありました。二十四歳のとき描いた自画像のタイトルは《猫たちの王》。ほかにも数多くの作品に猫の姿を描いたバルテュスでした。

グラン・シャレに移り住んでからというもの、わが家に猫の存在が絶えたことはありません。きっかけは娘の春美が拾って来た野良猫の〝みけ〟。バルテュスが偏愛した小さな〝ミツ〟も春美からのクリスマスの贈り物でした。私たち家族を猫の王様一家になぞらえて描いたティーコゼーなど、懐かしい品々から、共に暮らした動物たちが与えてくれた潤いある日々が思い起こされるのです。

《アトリエのマジョリーナ》

子供たちに伝えたい温もりの心

娘の春美はローマのメヂチ館に暮らしていた時期に生まれました。バルテュスはアカデミー・ド・フランスの館長で、公私のゲストが絶え間なく行き来する日常生活。娘の誕生日には戴いたお祝い品がサロンに山積みとなりました。大変ありがたいことですが、その贈り物をまじまじと眺めながら「母から娘への贈り物は自分の手で作った唯一無二のものを」との想いが、私を手仕事の世界へと誘いました。日本語に少しでも親しみを抱いてもらいたいと『御伽絵草子《おとぎえぞうし》』など絵本を作ったり、誕生日やクリスマスには指人形を一つずつ拵《こしら》えました。指人形の頭は張子《はりこ》で作り、衣裳には母や私の着物の端切れや、椅子の貼り地の残りなど手持ちの布を。一体作るまで半年がかり。人形劇ができるまで数が揃う頃には娘は十歳になっていました。劇の粗筋も私の創作です。バルテュスも参加したこの人形劇、なんと素晴らしく楽しかったことか。宝石のような思い出となりました。

張子の指人形（上と右ページ上）

娘の誕生日とクリスマスの贈り物は手作りの品と決めて創作してきました。ローマのメヂチ館に住んでいた頃、フランス人留学生から張子の指人形を教わって、春美が2歳のときから毎年1つずつ増やしていきました。黒い仮面をつけたイタリアの道化もいれば、アラビアのお姫様、日本の男女、猫やきつねなど私の創作物語で遊んだ手仕事の品々です。

御伽絵草子、竹取物語（右ページ下）

黒岩節子の画・作とある『御伽絵草子』は、海外で成長する娘に少しでも日本の物語と美しい日本語を伝えるために手描きで作った創作絵本です。苗字を黒岩としたのは、ロシニエールの邦訳語呂合わせ。ロシニエールで描いたという意味を込めました。その左上にあるのは『竹取物語』。十二単《ひとえ》の装束など資料も探して丁寧に描きました。

娘から孫へ
幼児用の「便利袋」を
リメイクして

娘が幼い頃にお気に入りだった兎の「便利袋」。既製のぬいぐるみの頭《かしら》を利用した小さな子供のための袋物で、娘のときには袋部分は白地にピンクの兎のプリント。兎の耳にも同布をアップリケしていました。ぬいぐるみ頭部は目立たないように袋に縫い留めてあり、上部に紐を通した巾着袋ですが、裏に返すと頭の下、袋の部分にはアキが設けてあり手が入りますので、自由に物の出し入れができます。いつも持って歩いていたので、兎の顔の目や口がすっかり取れてしまいました。

右はリメイクした2代目。もちろん兎の顔には墨で目や口を描いてあげました。初孫は男児ですので、袋には浴衣地を選びましたが、2つの柄を真ん中ではいで変化をもたせ、耳にも共布をつけました。

刺繍で名前を大きく入れて祖母になった喜びを表しました。

春美が成長して学校へ持って行った「何でも袋」は既製品の手拭いをそのまま利用したもの。白いレースのリボンでHARUMIと入れただけ。

待望の初孫は男児。産着からお宮参りや初節句の着物など、こちらの生活ながら日本式に誂《あつら》えて。母娘2人、幼子を介してまた新たな絆も育まれます。

若い頃の黄《き》八丈《はちじょう》をアンサンブルにリフォームしました。羽織つきだったので、着尺も充分ありチュニック風ブラウスとパンツのお揃いができました。

CHAPITRE 4

慈しんだ布や着物を再生《リフォーム》

GRAND CHALET

グシュタードの町は夏の避暑地、
冬はスキーで賑わうおしゃれな町です。
インド木綿のブラウスを初めて着た日、
この町へ出かけました。
ケーブルカーで一六五九《メートル》の山へ登り、
はるかな山並みの雪と氷河、
眼下には人々の暮らしを眺めながら、
足下に咲いている野花を愛《め》でました。
日々の忙しさをひととき忘れた
心地良い一日が過ごせました。

カーテンとして長らく楽しんでいた「インド木綿」で

ショルダーバッグ（左ページ）
蓋つき、まちつきで、収納力も充実のショルダーバッグ。肩紐《ひも》が太めで共布なので、肩への当たりも柔らか。持ち手は1枚仕立てになっていますが、無地の裏をつけても素敵です。表裏の配色を楽しんで。

ウエストゴムのストレートパンツ（P83）
ほどよいゆとりが実用性と〝ほっそり見える〟効果を兼ね備えるパンツ。ゴムの長さは「ウエスト寸法×0.9＋縫い代2㌢」。この式を覚えておくと、パンツやスカートなど、ウエストゴムのアイテム作りに役立ちます。

ヨーク風布合わせのドルマンブラウス
肩当ての組み合わせ布が、ヨーク風にも見えるデザイン。ウエストをすっきり見せる共紐つきです。カジュアルなアイテムでも、衿、前立て、カフスなどには芯を使うと仕上がりの美しさは格段の違いです。
仮に生地にヤケやほころびなどがある場合、肩布で隠れる位置にくるよう裁ち合わせをすると、布地を無駄なく利用できます。

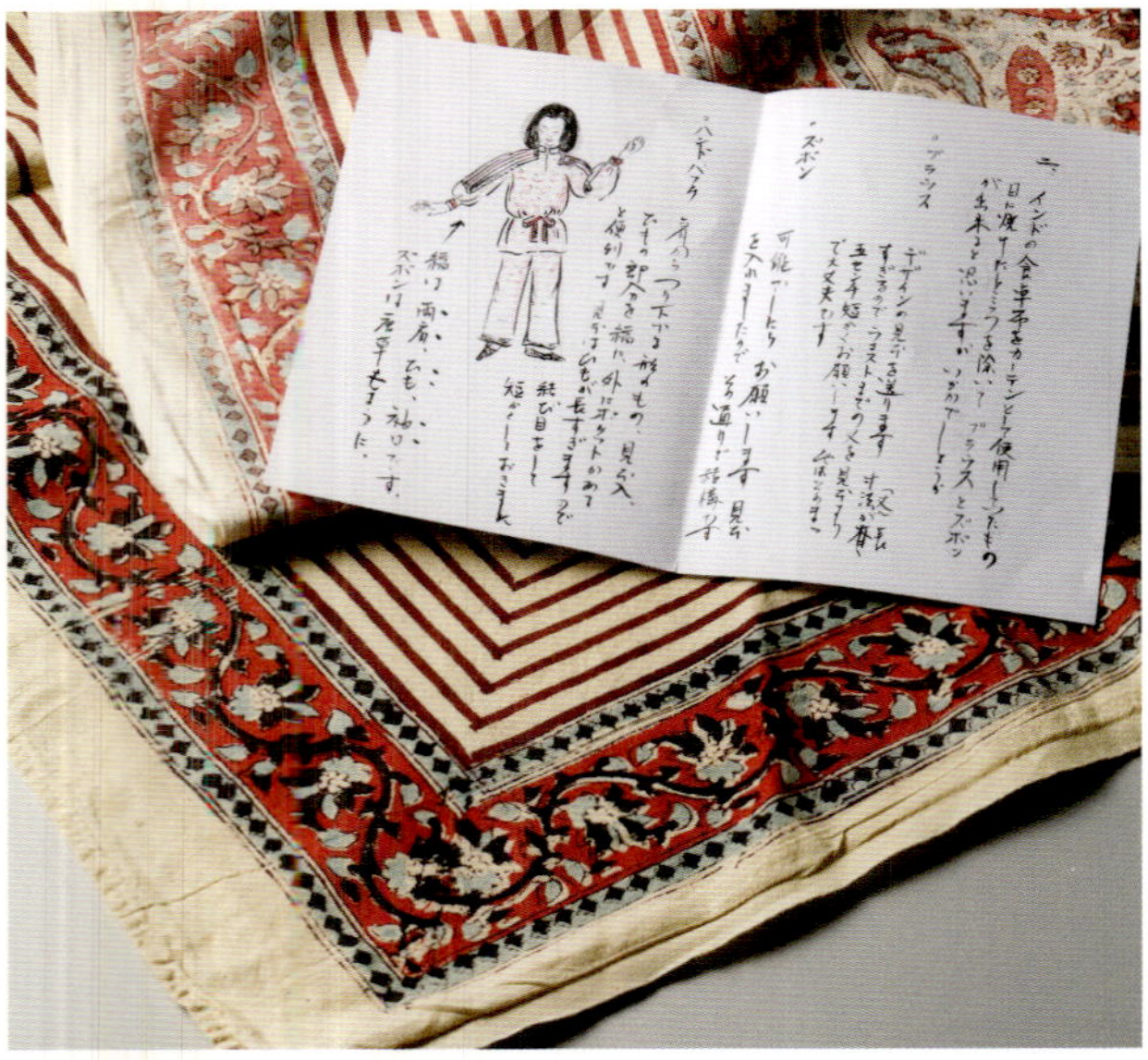

周囲の縞柄のおしゃれな使い方が節子流。

長い間、〝植物の部屋〟で直射日光を遮っていてくれた木綿のカーテン。それだけにところどころが日焼けしています。インドの布独特のにじんだような染めむらの色合いが美しく、縞《しま》の部分をアクセントにおいたデザインで蘇《よみがえ》りました。木綿地の肌触りがなんともいえず爽やかなブラウスに仕上がり、夏の初めから終わりまで近隣の町への買い物や山の散歩に欠かせないお気に入りの一枚になりました。

亡き母と一緒に選んだ思い出深い「黒の縮緬小紋」で

黒地ですがちょっと派手になったかしら、と思うようになっていた縮緬《ちりめん》小紋の着物。亡き母との思い出がたくさんある着物ですから、何にしたら良いかしら、と考えていたものです。すっきりした長いスカートとブラウスをデザインし、エレガントなワンピースのように組み合わせ着てみようと思いました。ですがブラウスを作るためには生地が少し足らなかったようです。黒いブラウスやセーターと組み合わせることで、描いていたものとはまた違ったおしゃれが楽しめるアイテムになりました。夕方のお茶会など、ちょっとしたお客様のときに一年中愛用でき、大切な思い出が時おり蘇ることでしょう。

正倉院模様の半幅帯を結んでさりげなく楽しんだ着物です。

ワンボックスプリーツスカート

後ろのワンボックスプリーツ。セミタイトのスマートなシルエットも、このボックスプリーツを後ろに入れることで足さばきが優雅でスムーズになります。

プリーツのひだ奥にステッチをかけると、ボックスプリーツがかちっと決まります。ステッチなしだと、タックプリーツのふんわり、ひらりとした雰囲気に。とろみのある小紋ならエレガントに、ハリのある布地ならスマートに。布選びを楽しみましょう。

同じ生地で上下をデザインし、ワンピースの雰囲気で楽しもうと思ったのですが……。

ローマ・メヂチ館の娘の春美の部屋で。とてもよく着た大島紬の着物。

軽くてモダンな柄ゆき。旅着に重宝した「木の葉模様の大島」で

少し高めのハイネックにこだわりました。胸元の三角布は被って着るデザインなので綻《ほころ》び防止でつけました。

バルテュスの「日本女性に一番美しいのは着物。何故、普段も着物を着ないのですか」という言葉に促されて、着物を日常着として着るようになったのはローマのメヂチ館時代。便利に愛用していた大島紬は、どこへ出かけるときにも重宝した着物の一枚です。彩りも綾に重なる木の葉の模様が、気に入って長い間愛用していました。それだけに傷んでしまい、着物としては着られなくなっていました。インド木綿の藍色のブラウスを持っていて、馬に乗るとき、散歩のときなどよく着ていたものがあります。大変着やすかったので、それを参考にしてデザインしてみたわけです。ジーンズを組み合わせて、お買い物はもちろん若い人の展覧会のオープニングパーティなど、気楽に着て出かけられる楽しみができました。大島紬はしわになりにくく、着用後もハンガーに掛けておけばすっきりとしますから便利です。

ヒップが隠れ、パンツ姿の脚長効果もある上着丈。長めのスカートに合わせても。

スラッシュあきハイネックの七分袖ブラウス

ボタンなしのスラッシュあき風にして、衿留めにかぎホックを1ヶ所だけつけました。このブラウスのポイントは高めのハイネック。裏衿には必ず芯を貼って"美しい1枚"に仕上げましょう。胸元の三角布は無地を使って、小さな差し色効果を楽しんでも。

小さい頃から布が好きでしたので、着物や家具地、カーテンなどのたくさんの端切れを箱に入れて大切にしています。時おり取り出して眺めていると、いろいろなアイデアが浮かんできます。袋物はいくつあってもそれぞれに使い途《みち》があっていいものです。最近は大振りのバッグを持ち歩きますから、物探しが大変なときがあります。携帯電話、住所録、日程帳、化粧袋……。大きなバッグの中に小さな袋で分類しておくと便利。

着物の端切れは愛らしい柄や色が効果的で他の布ともよく調和しますので、布あしらいを考えると楽しさが増します。ボタンやトンボ玉など面白いものを集めておくと、アクセントに活かせます。

外ポケットつきトートバッグ

広めのまちつきなので、見た目より収納力があります。外ポケットの開閉部にはトンボ玉をあしらって。革の持ち手を選んで上質感をプラスします。また着物地で大きめのバッグを作るときは、中袋にしっかりした生地を使うと安心です。表地が繊細な分、中袋が補強の役割を果たしてくれるので、重い荷物も入れられます。

着物から襦袢《じゅばん》や羽織へと着まわした「思い出の端切れ」で

風車の布合わせで作る巾着《きんちゃく》

同じパターンをずらしてはぐ、ユニークな構造。底のはぎも可愛い巾着です。2種類の布地をそれぞれ2枚組み合わせてもいいですし、4枚とも違えても。2本の紐を色替えするとおしゃれ感が増します。

懐紙入れ風 おかめボタンのポーチ

蓋、本体、中袋と3種類の着物地を使った、布合わせにセンスが光る小物入れ。キルト芯を入れているのでふんわりと仕上がっています。ガード力も備わるので、眼鏡などを入れるのにも重宝します。硬めの芯を使えば懐紙入れ風のしっかりとした作りに。

大好きな「ジャワ更紗布《さらさ》」をかごや日傘にあしらって

かごの手提げ

かごは市販のものを使用。透け感のあるかごを選ぶと、布の様子が楽しめます。口には紐を通して巾着仕様にしました。巾着の底面はかごの底と同じ製図にし、きれいにフィットさせます。巾着の中袋や中底には接着芯を貼ると仕上がりもきれいです。芯は硬めのものを選びます。

桜の持ち手、8枚はぎの手作り日傘

便利なキット商品を使えば日傘作りも思いのまま。生地が飛び柄の場合は、どこにポイントとなる柄を出すか、裁ち合わせを慎重にしましょう。

子供用甚平（左ページ）
袋縫いや折り伏せ縫いを使って本格的に仕立てていますが、ロックやジグザグミシンで縫い代始末をしても問題ありません。
写真のような柄ゆきの場合は、縞の部分をパンツや上着の裾にもってくるとバランスよくまとまります。

インテリアで活躍した「アジアの布」を子供の遊び着に

ラグランスリーブのかぶりスモック
直線の製図でできる、ラグランスリーブのスモック。直線裁ち&直線縫いなので、あっという間に仕上がります。
子供のスモックはいつも清潔にしてあげたいもの。気軽に洗濯できる綿や麻の布地を選ぶといいでしょう。
身頃と袖を違う色柄にすると、また違った表情のスモックとなります。前身頃にポケットをつけるなどアレンジも楽しんで。

インドの他インドネシアなど東南アジアの布も大好きで絵の中にもよく描きます。テーブルクロスやソファーに掛けたりしてインテリアとしても使います。

藍染《あいぞ》めのアジアの布で作った孫のためのスモック。四季を通してどんなものの上にも着られます。泥んこ遊びも気にしないで安心。

孫の仙のためにインドネシアの布で作った甚平。活発に遊ぶ男の子、しっかりした木綿がふさわしい夏着に仕上がりました。

82 ページ

ヨーク風布合わせのドルマンブラウス

●**材料**

布地…バティックプリント90cm×3.2m

接着芯…薄地用接着芯（クロバー）80cm×30cm

ボタン…直径1cmを6個

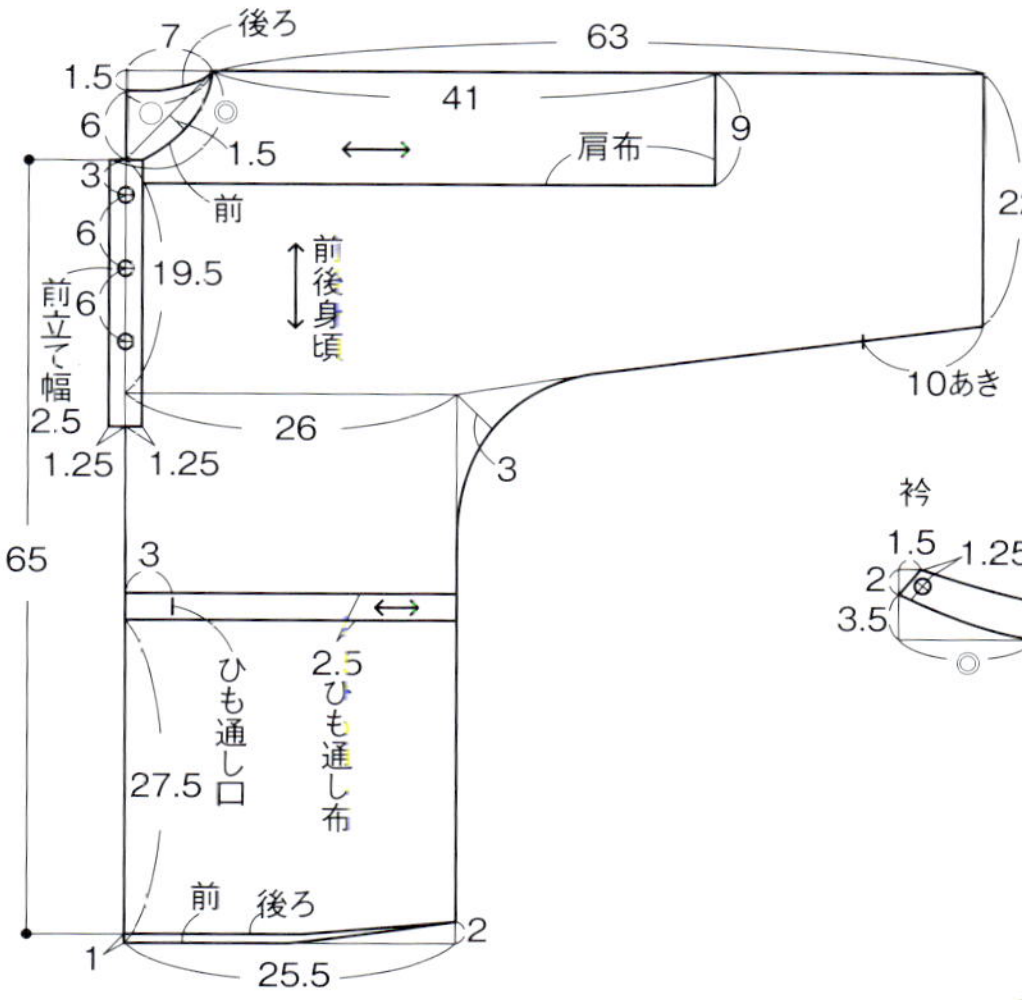

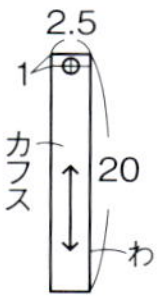

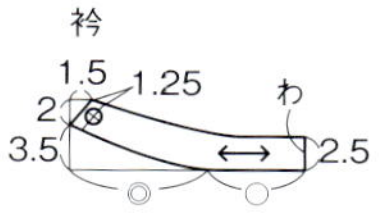

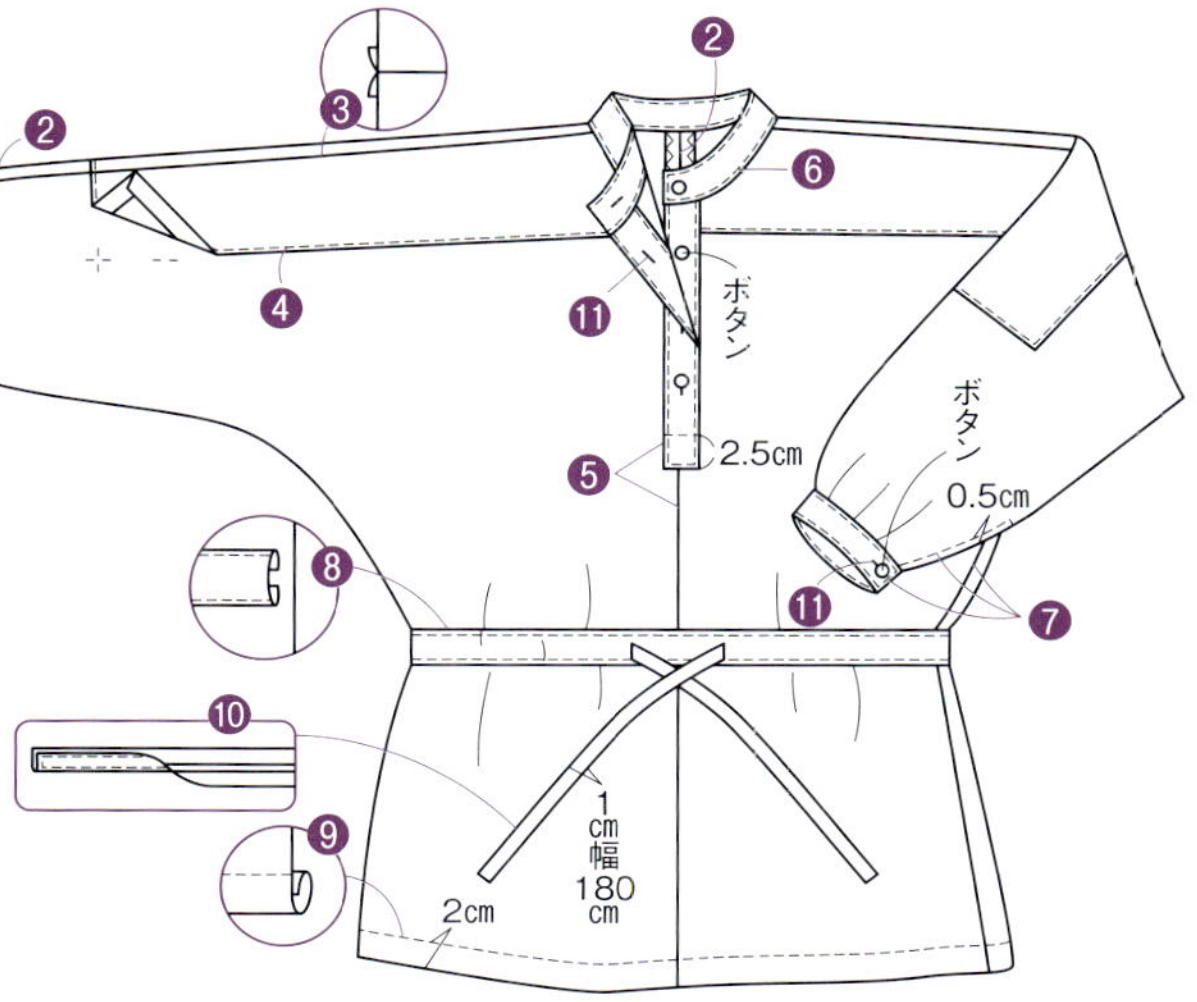

●**縫い方順序**

❶衿、前立て、カフスに接着芯を貼る

❷身頃の後ろ中心、肩を縫う

❸肩布の後ろ中心、肩を縫う

❹身頃に肩布をつける

❺前中心を前立ての底位置の1cm上まで縫い、前立てをつける

❻衿をつける

❼袖下、脇を縫い、カフスをつける

❽ひも通し口を作り、ひも通し布をつける

❾裾を三つ折りにして縫う

❿ひもを作り、通す

⓫ボタンホールを作り、ボタンをつける

83 ページ

ウエストゴムのストレートパンツ

●**材料**

布地…バティックプリント90cm×2m

ゴム…2.5cm幅をウエスト寸法×0.9＋縫い代2cm

●**縫い方順序**

❶股下を縫う

❷裾を三つ折りにして縫う

❸ゴム通し口を残し、股上を縫う

❹ウエストを三つ折りして縫い、ゴムを通す

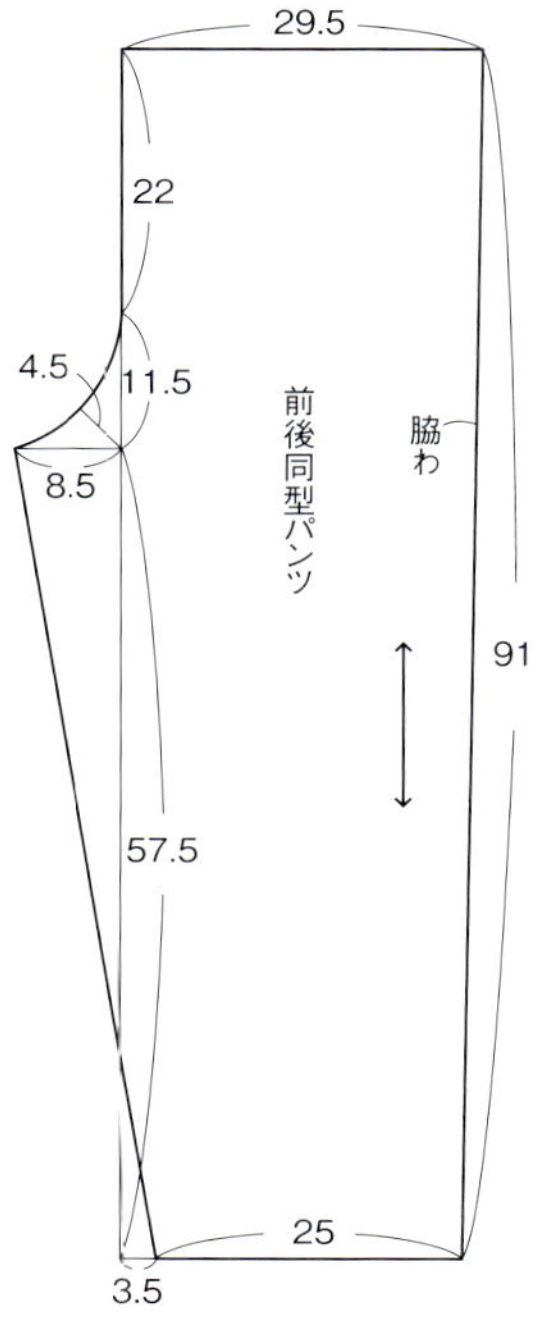

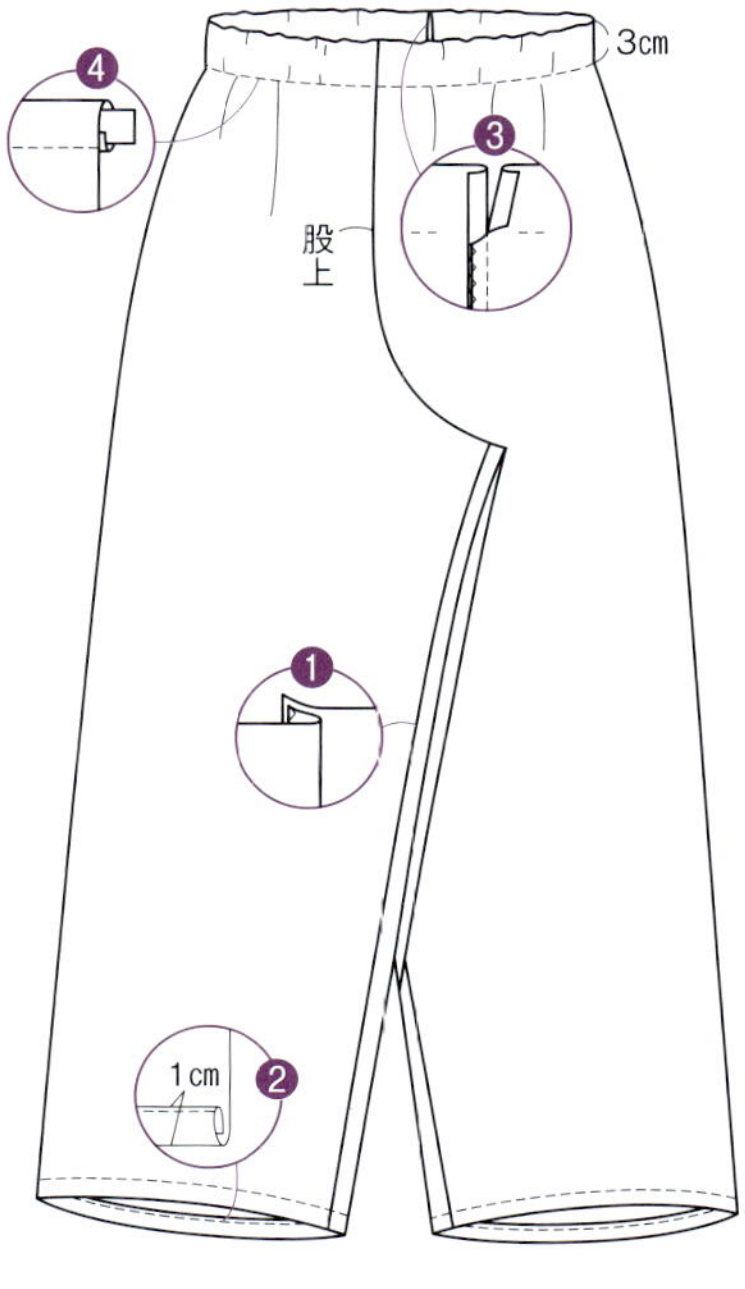

85 ページ

ショルダーバッグ

●材料

布地…表布：バティックプリント90cm×1m
　　　裏布：八掛36cm幅1m
接着芯…厚手70cm×30cm
　　　　薄地用接着芯（クロバー）30cm×100cm
スナップ…直径1.3cmを2組

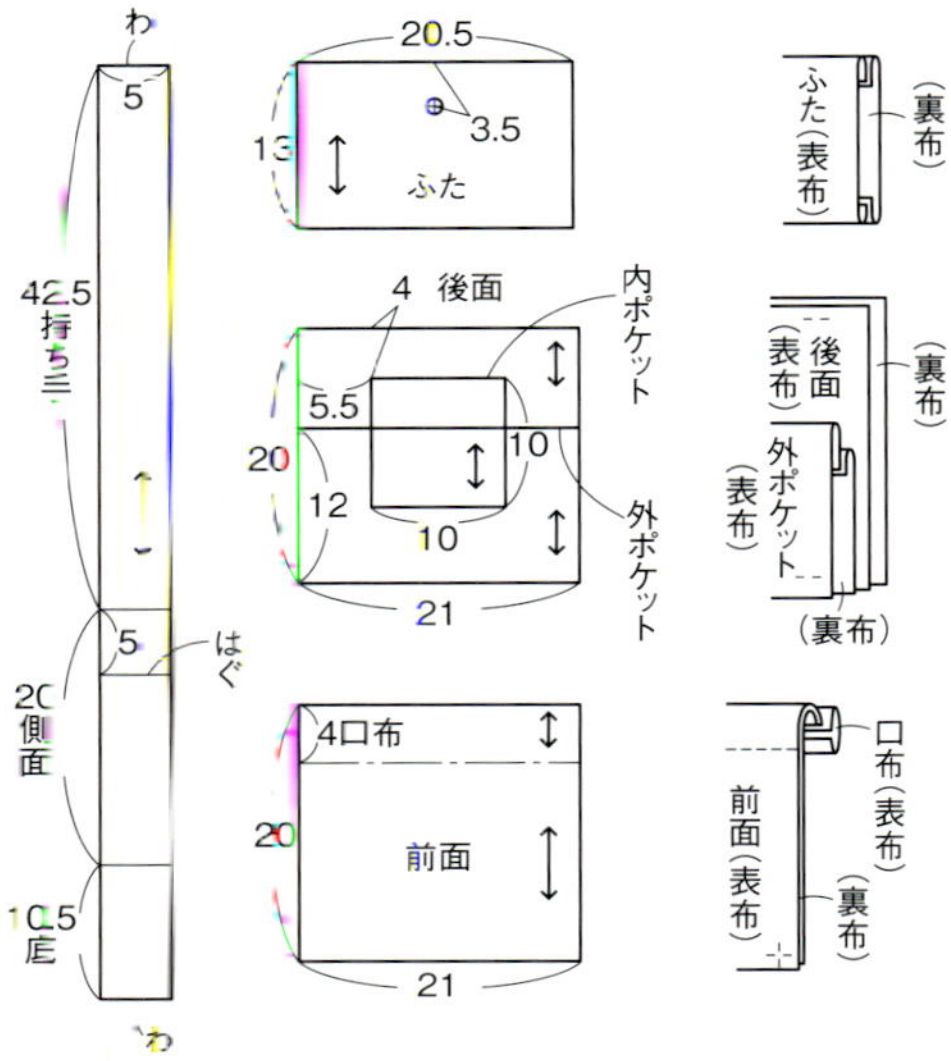

●縫い方順序

❶前面、後面、ふたの表布の裏に厚手接着芯を貼り、外ポケット、持ち手、側面、底の表布の裏に薄地用接着芯を貼る
❷ふたを作る
❸後面裏布に内ポケットをつける
❹後面にふたをつける
❺外ポケットを作り、側面にしつけ
❻前面を作る
❼持ち手、側面、底を作る
❽前面、後面に側面と底をつける
❾持ち手にステッチ
❿スナップをつける

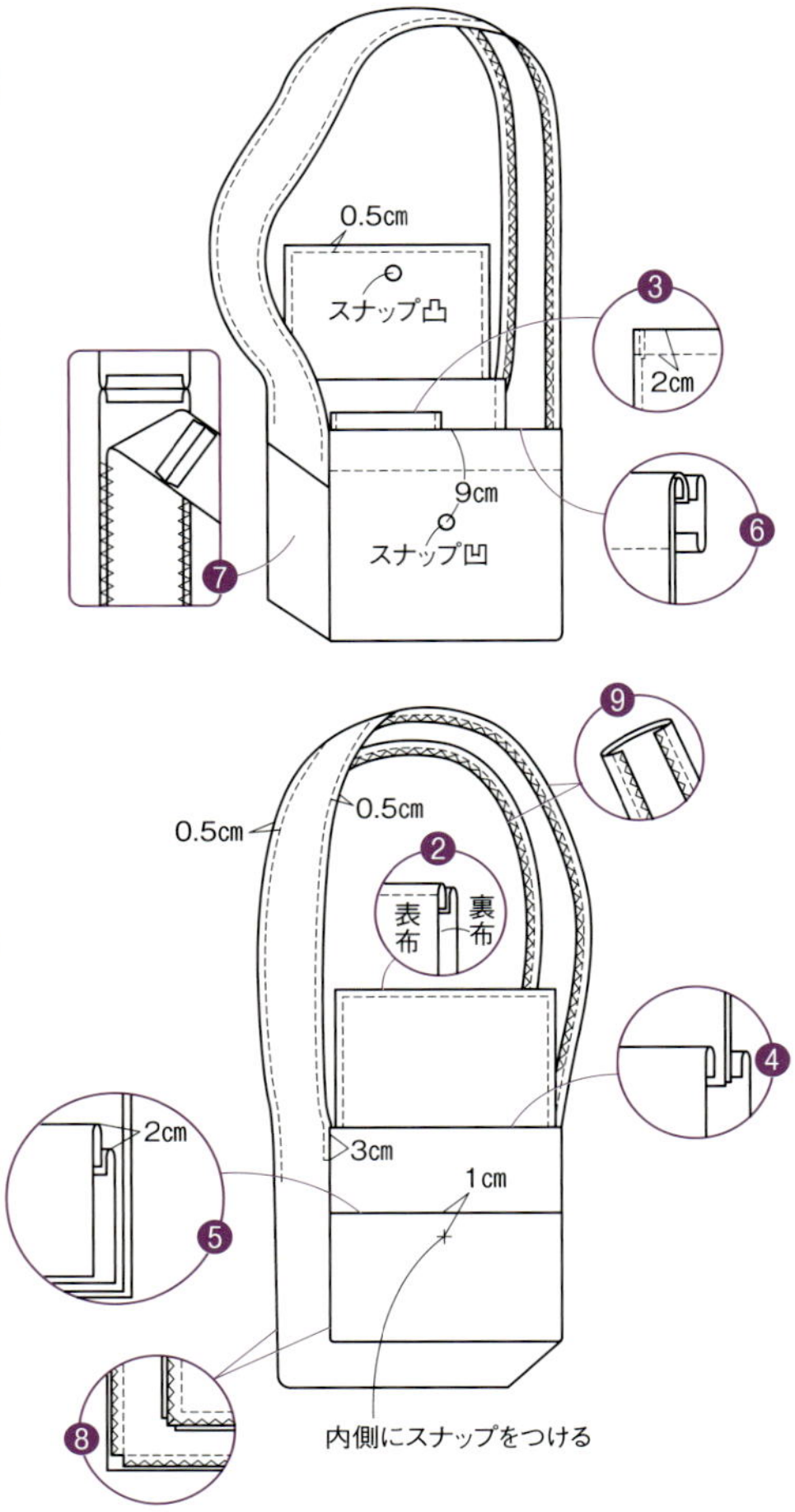

37 ページ

ワンボックス プリーツスカート

●材料

布地…表布：小紋36cm幅4.1m
　　　裏布：ベンベルグ90cm×1.8m
接着芯…薄地用接着芯（クロバー）90cm×10cm
コンシールファスナー…長さ22cmを1本
かぎホック…1組

●縫い方順序

❶ウエスト布、後ろファスナーつけの縫い代に接着芯を貼る
❷ダーツを縫う
❸前中心を縫う
❹プリーツ布をつけ、後ろ中心をあき止まりまで縫う
❺コンシールファスナーをつける
❻脇を縫う
❼裾の始末をして、ひだ奥に端ミシンをかける
❽裏スカートを作り、つける
❾ウエスト布をつける
❿かぎホックをつける

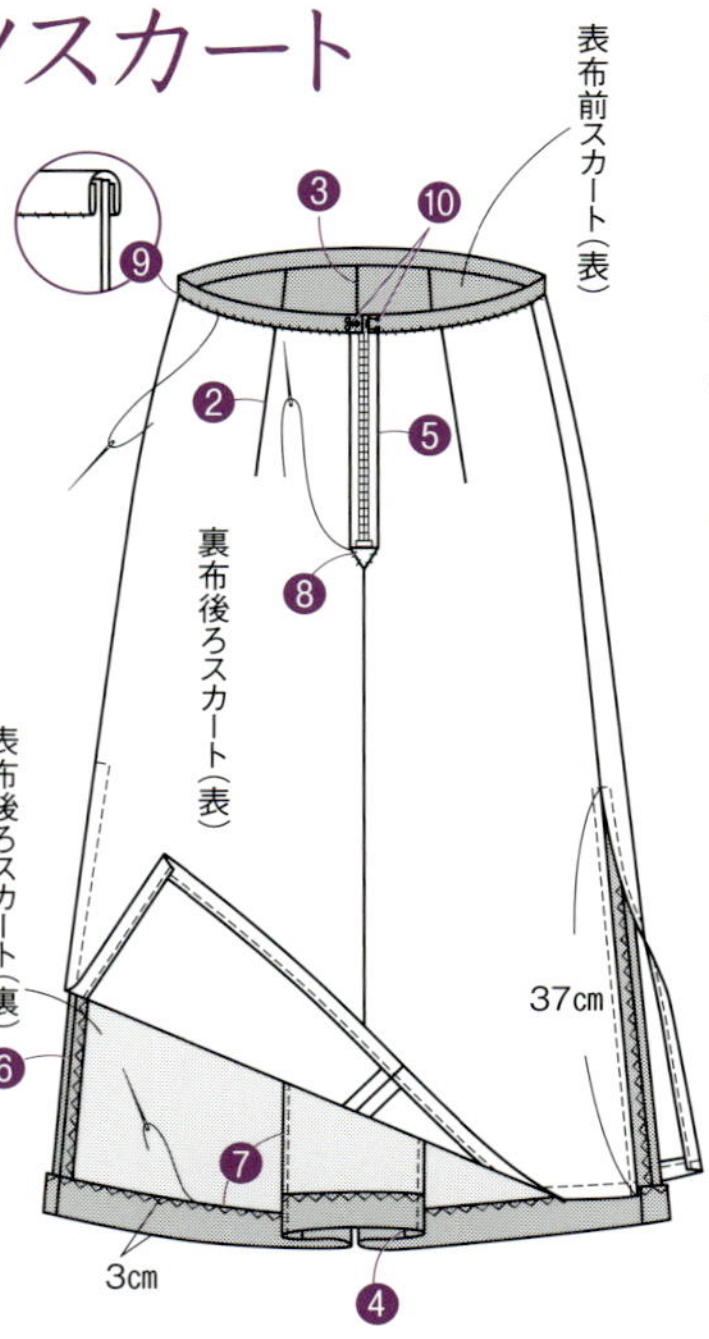

【サイズの目安】

W①＝$\frac{W}{4}+1$

W②＝$\frac{W}{2}+2$

H①＝$\frac{H}{4}+1.5$

H②＝H①＋5

（W:ウエスト、H:ヒップ）

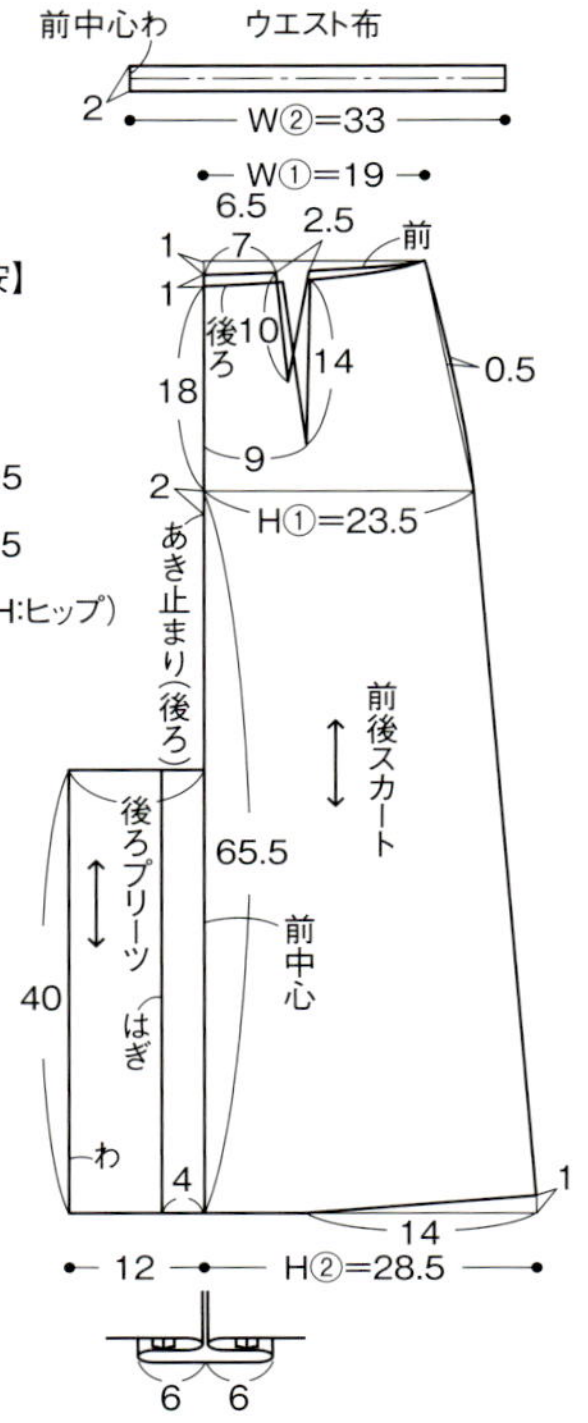

89ページ

スラッシュあきハイネックの七分袖ブラウス

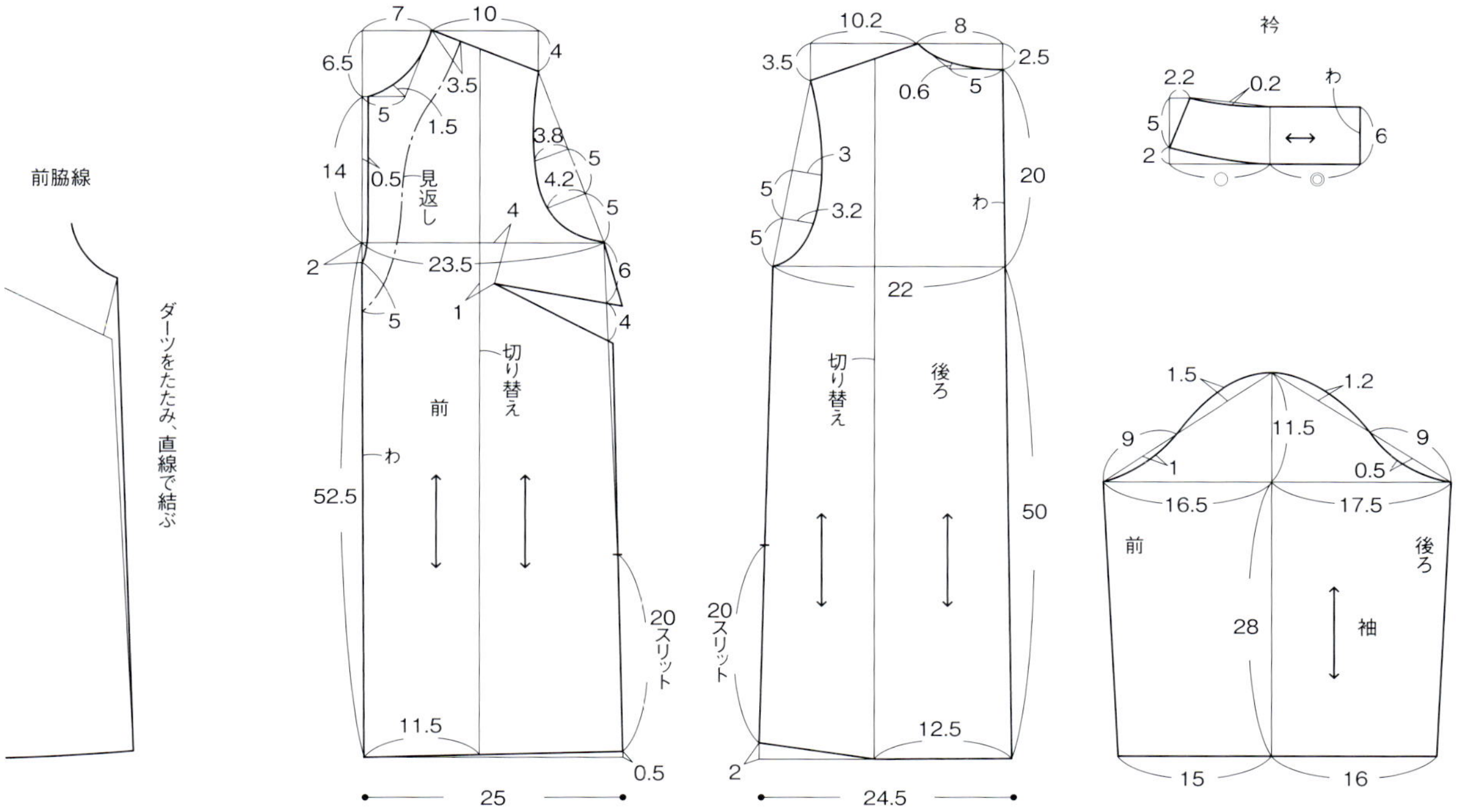

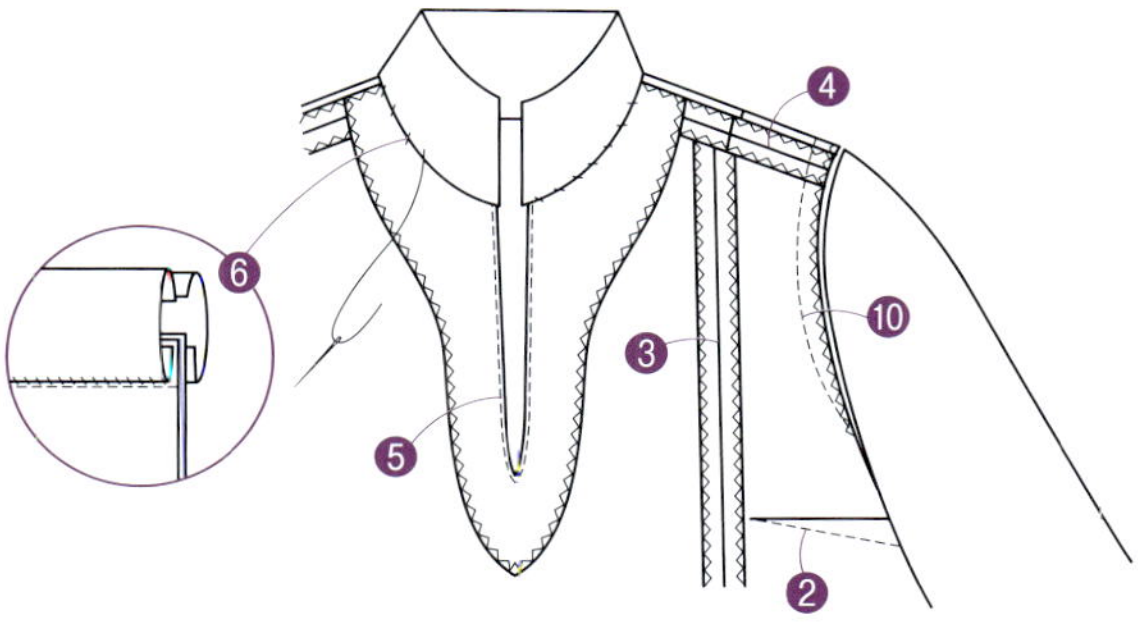

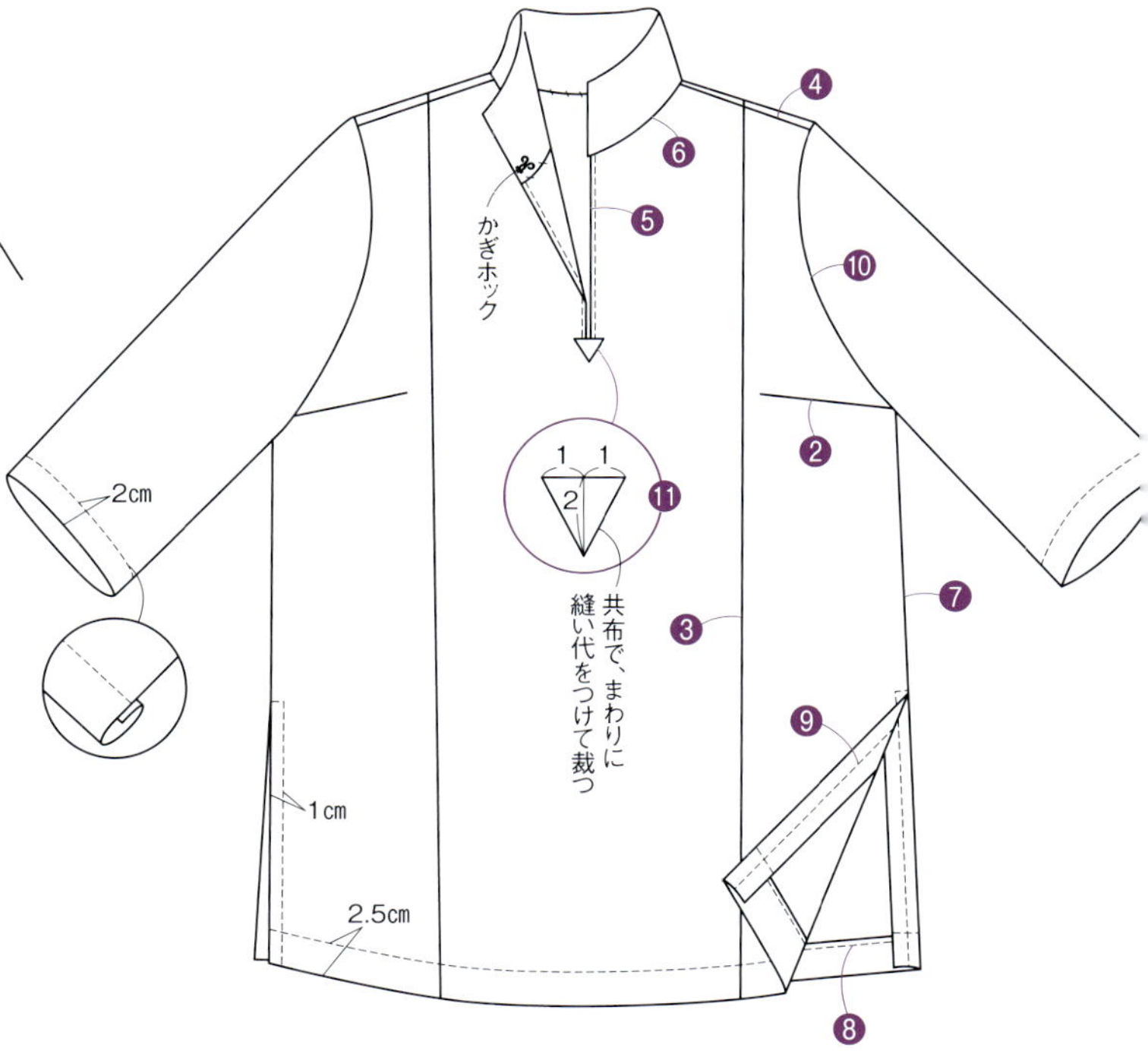

●材料

布地…紬36cm幅5.2m

接着芯…薄地用接着芯（クロバー）30cm×40cm

かぎホック…1組

●縫い方順序

❶見返し、裏衿の裏に接着芯を貼る

❷ダーツを縫い、上に倒す

❸前後それぞれ切り替えを縫う

❹肩を縫う

❺前見返しをつける

❻衿を作り、つける

❼脇を縫う

❽裾の始末

❾スリットを作る

❿袖を作り、つける

⓫前あきのあき止まりに三角布をまつりつける

90ページ

懐紙入れ風おかめボタンのポーチ

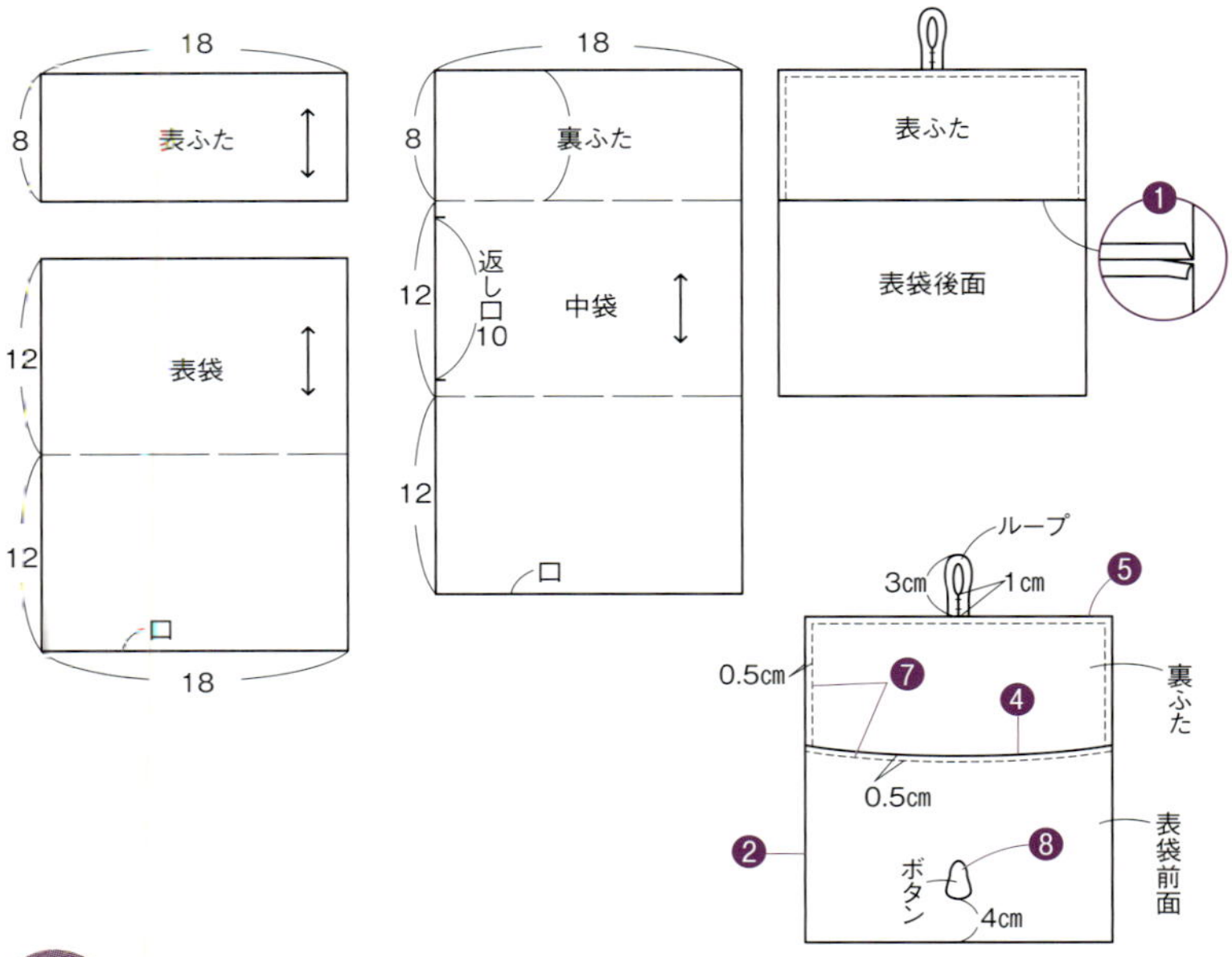

●材料

布地…表袋：20cm×26cm
　　　表ふた：20cm×10cm
　　　中袋・裏ふた：20cm×34cm
キルト芯…20cm×34cm
ひも…8cm
ボタン…おかめ型2cm×1.2cmを1個
ビーズ…2個

●縫い方順序

❶表袋と表ふたを中表に合わせ、縫い代を残してでき上がりを縫う
❷①にキルト芯を重ね、縫い代を残して脇を縫う
❸返し口を残し、中袋の脇を縫い代を残して縫う
❹表袋と中袋を中表に合わせ、口を縫う
❺表ふたと裏ふたを中表に合わせ、ひもを挟んで縫う
❻返し口から表に返し、返し口をまつる
❼口とふたのまわりにステッチ
❽ビーズを目の位置に通し、ボタンをつける

90ページ

風車の布合わせで作る巾着

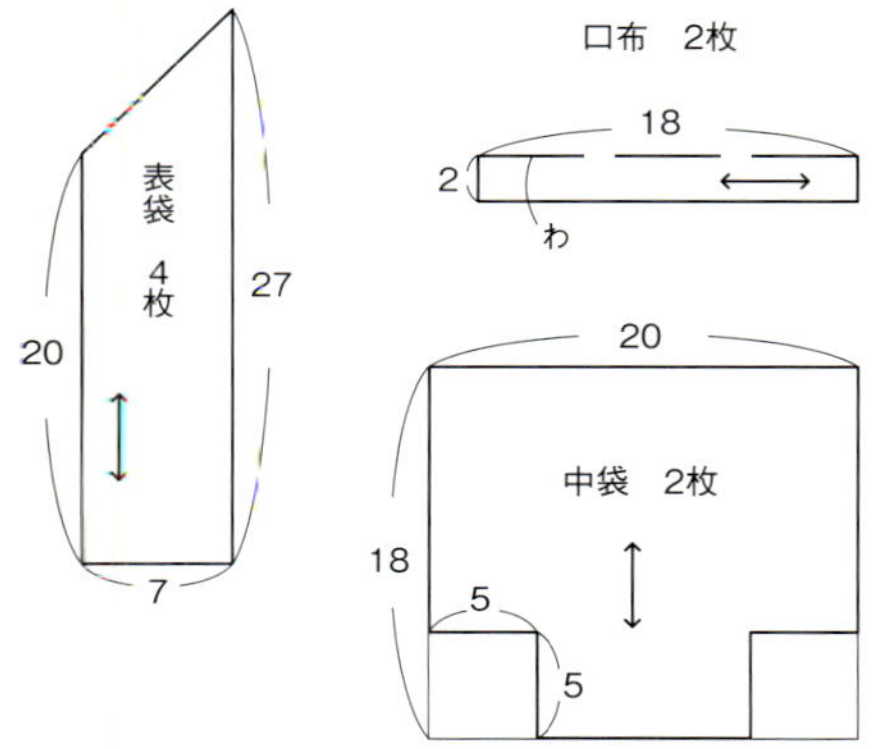

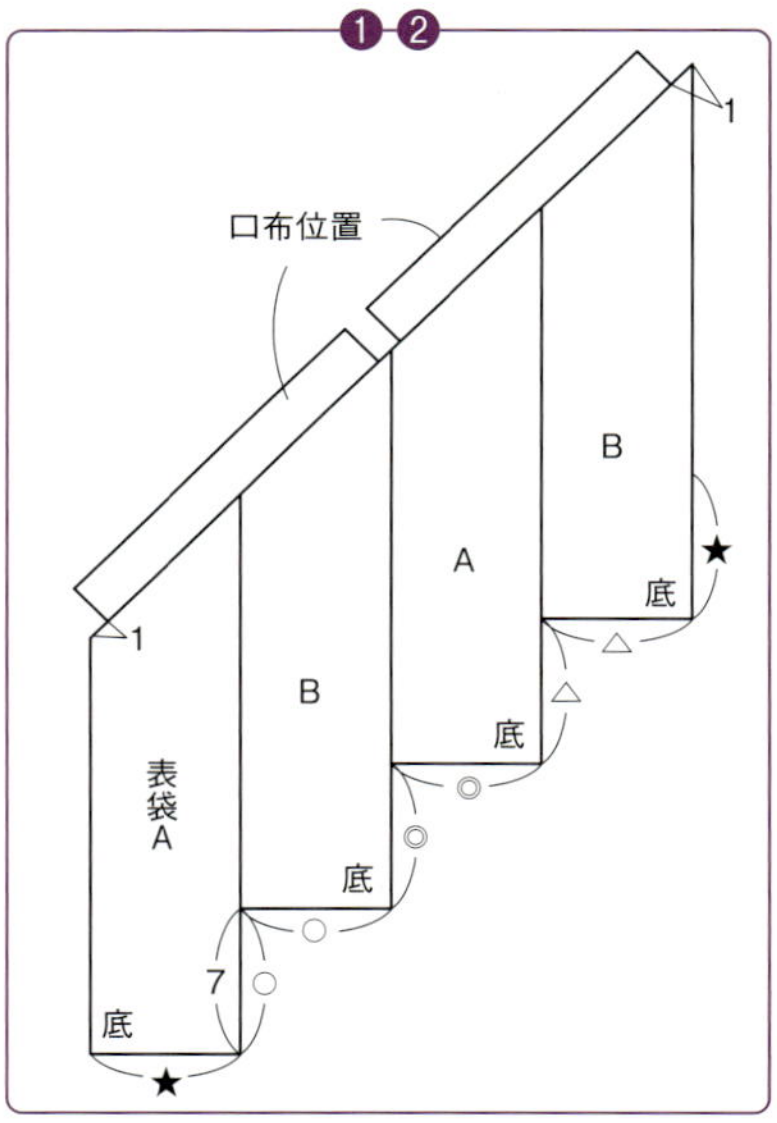

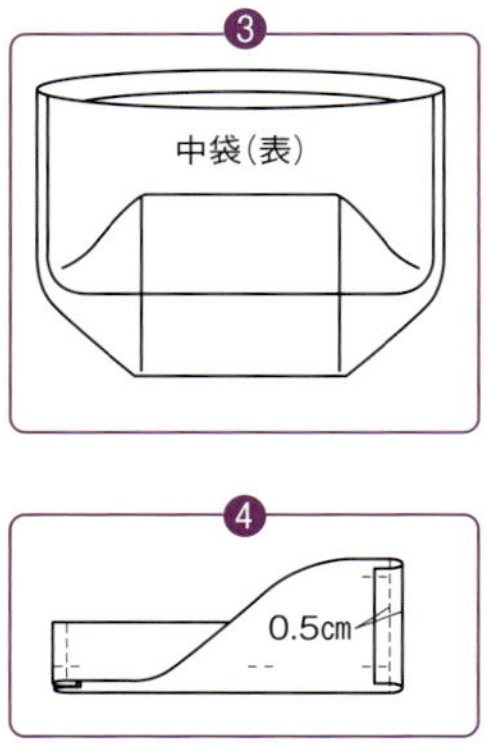

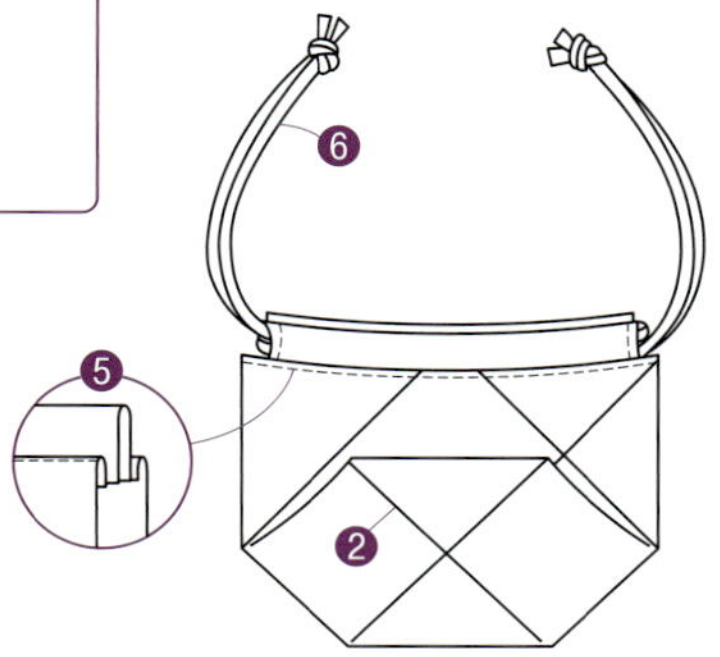

●材料

布地…表袋2枚：18cm×29cm
　　　表袋2枚・口布・中袋：31cm×60cm
ひも…丸ひも（オカダヤ）87cmを2本

●縫い方順序

❶表袋2種を図のように並べ、輪に縫う
❷合印を合わせ、底を縫う
❸中袋を作る
❹口布を作る
❺表袋と中袋を外表に合わせ、口布を挟んで縫う
❻ひもを通す

91ページ

外ポケットつきトートバッグ

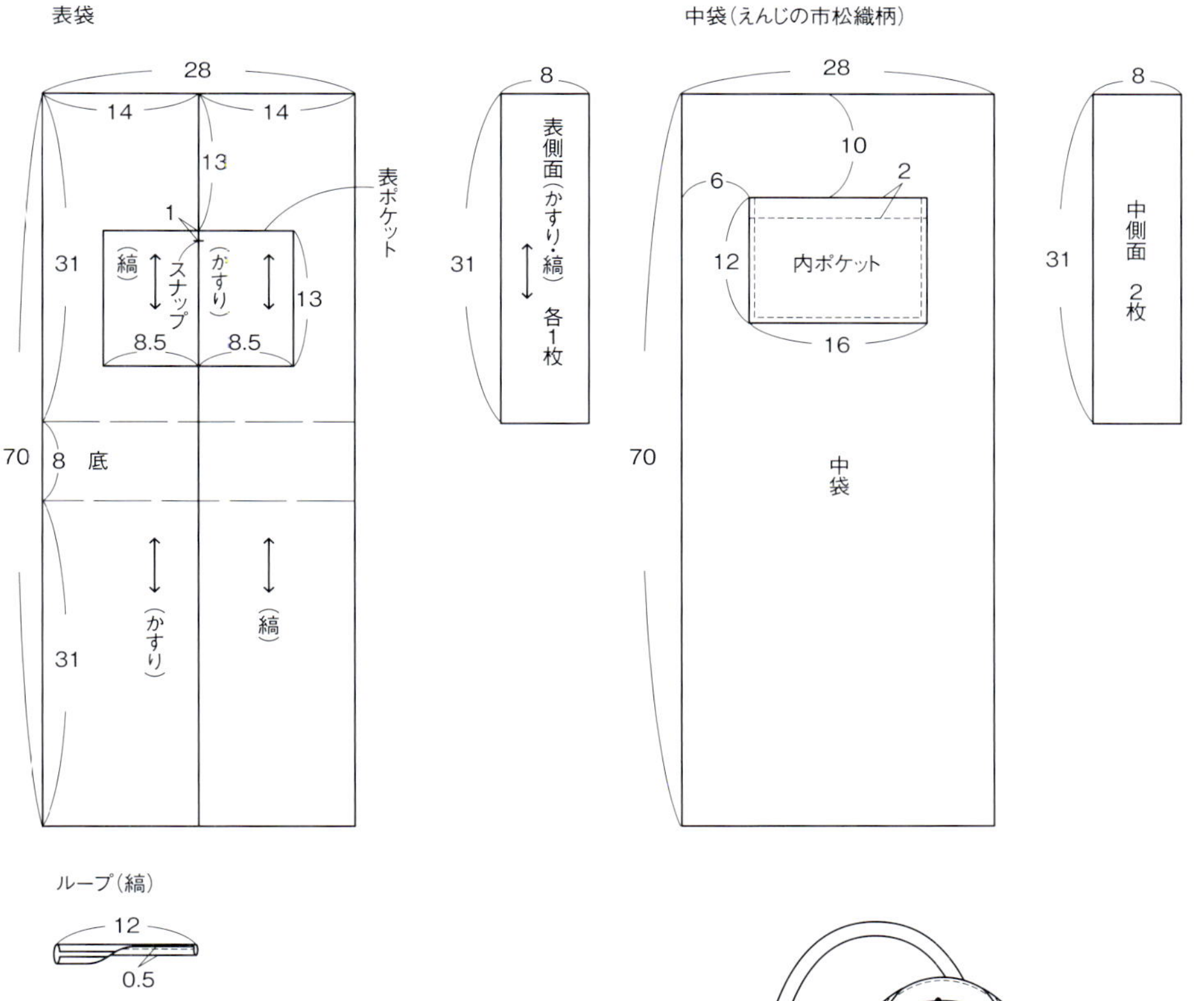

●材料

布地…表袋：縞36cm幅72cm

かすり36cm幅72cm

中袋：えんじの市松織柄(オカダヤ)37cm×1.2m

接着芯…ハード接着芯・特厚(クロバー)40cm×72cm

持ち手…革製の長さ42cm(オカダヤ)1組

ビーズ…直径1.2cm×長さ2cmを1個

スナップ…直径1.2cmを1組

●縫い方順序

❶中袋、中側面に接着芯を貼る

❷表袋、表ポケットの中心を縫う

❸ビーズを通したループを挟み、表ポケットを作る

❹表ポケットをつけ、スナップをつける

❺表袋に表側面をつける

❻中袋に内ポケットをつける

❼中袋に中側面をつける

❽表袋と中袋を重ね、口を縫う

❾持ち手をつける

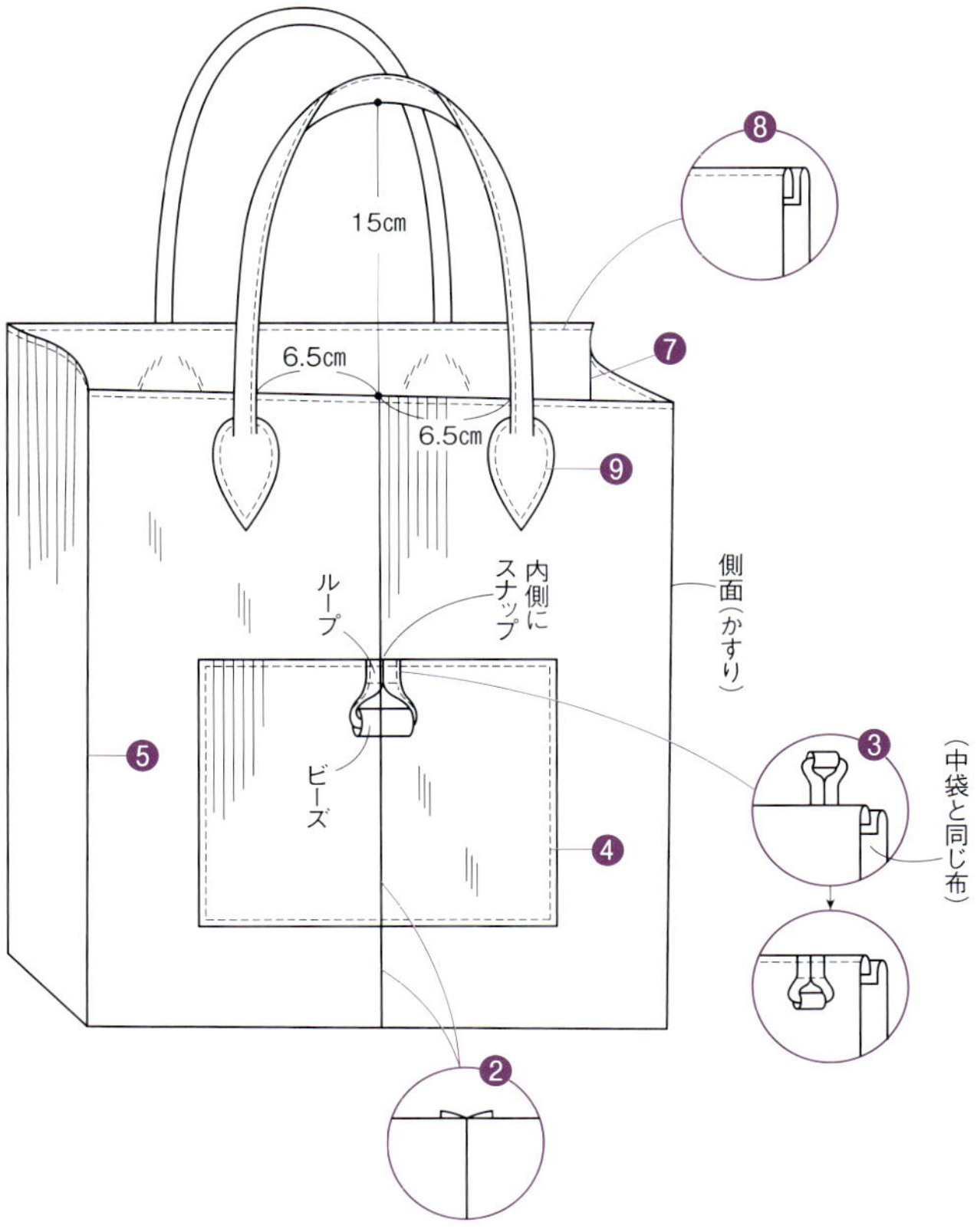

92ページ

かごの手提げ

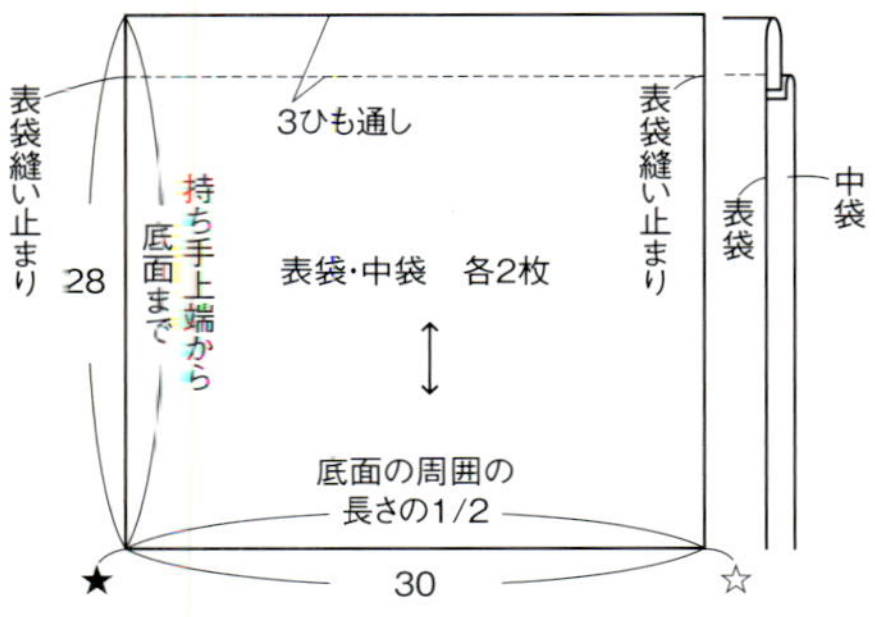

数字は写真の竹かごの場合です

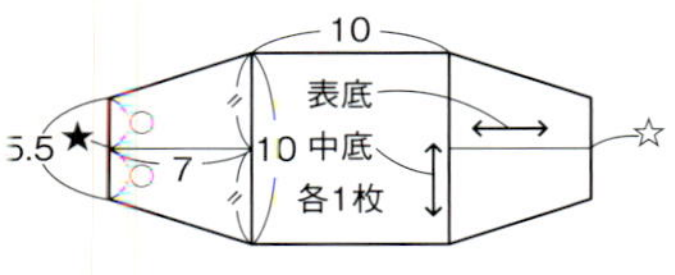

底:かご内側の底の形に合わせる

●材料

布地…表袋：バティックプリント110cm×40cm

中袋：八掛36cm幅80cm

接着芯…ハード接着芯・厚(クロバー)90cm×30cm

ひも…丸ひも70cmを2本

●縫い方順序

❶中袋、中底に接着芯を貼る

❷表袋の脇を縫い、ひも通し口を縫う

❸中袋の脇を縫う

❹表袋と中袋を外表に重ね、ひも通し口を縫う

❺表底、中底を重ねて2枚一緒に底をつけ、縫い代を表袋と共布のバイアステープでくるむ

❻ひもを通す

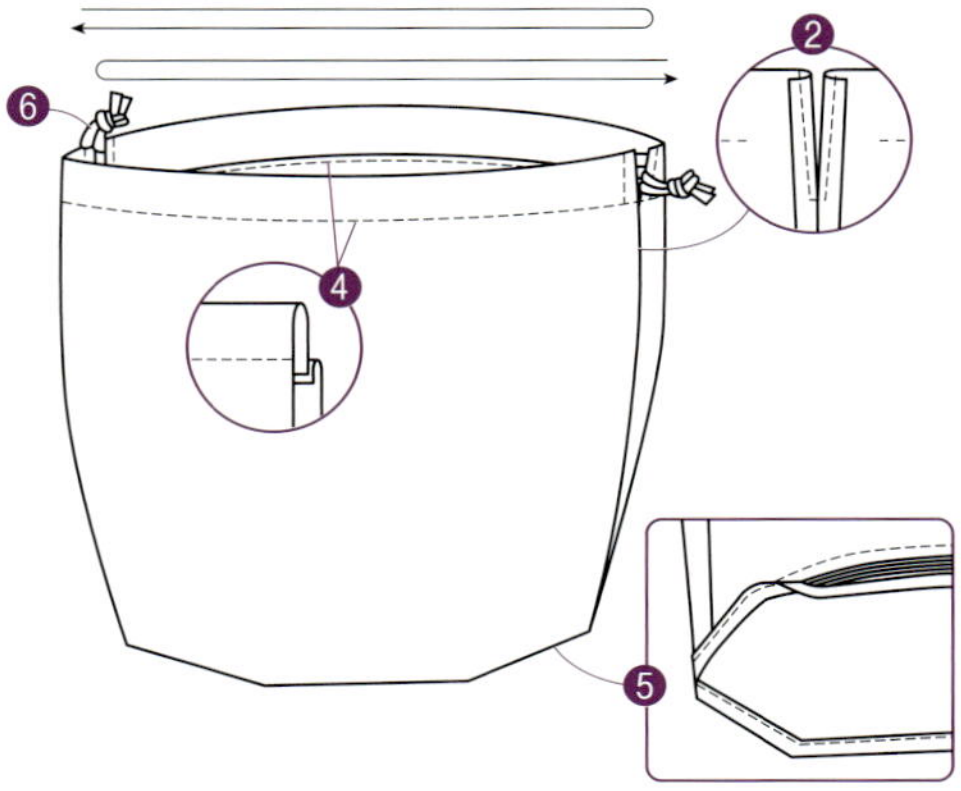

92ページ

桜の持ち手、8枚はぎの手作り日傘

●材料

布地…バティックプリント110cm×1m

ボタン…直径2cmを1個

日傘キット…ゴールド桜(オカダヤ)を1組

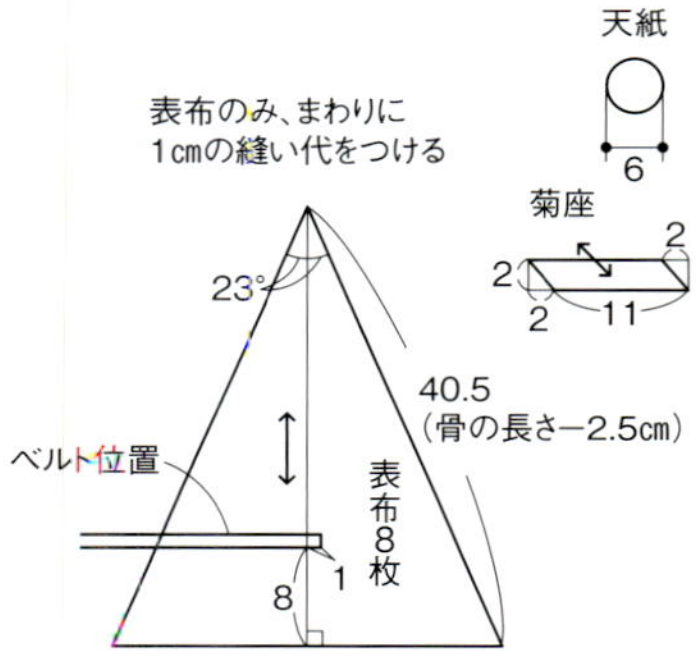

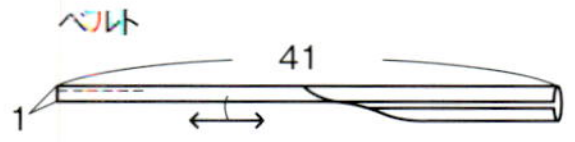

●縫い方順序

❶表布の底辺を三つ折りにして縫う

❷ベルト、ボタンをつける

❸表布8枚を先端1cm手前まで縫い合わせる

❹天紙、表布の順に骨に通し、縫いとめる

❺菊座、石突をつける

❻露先をつける

❼中どめをする

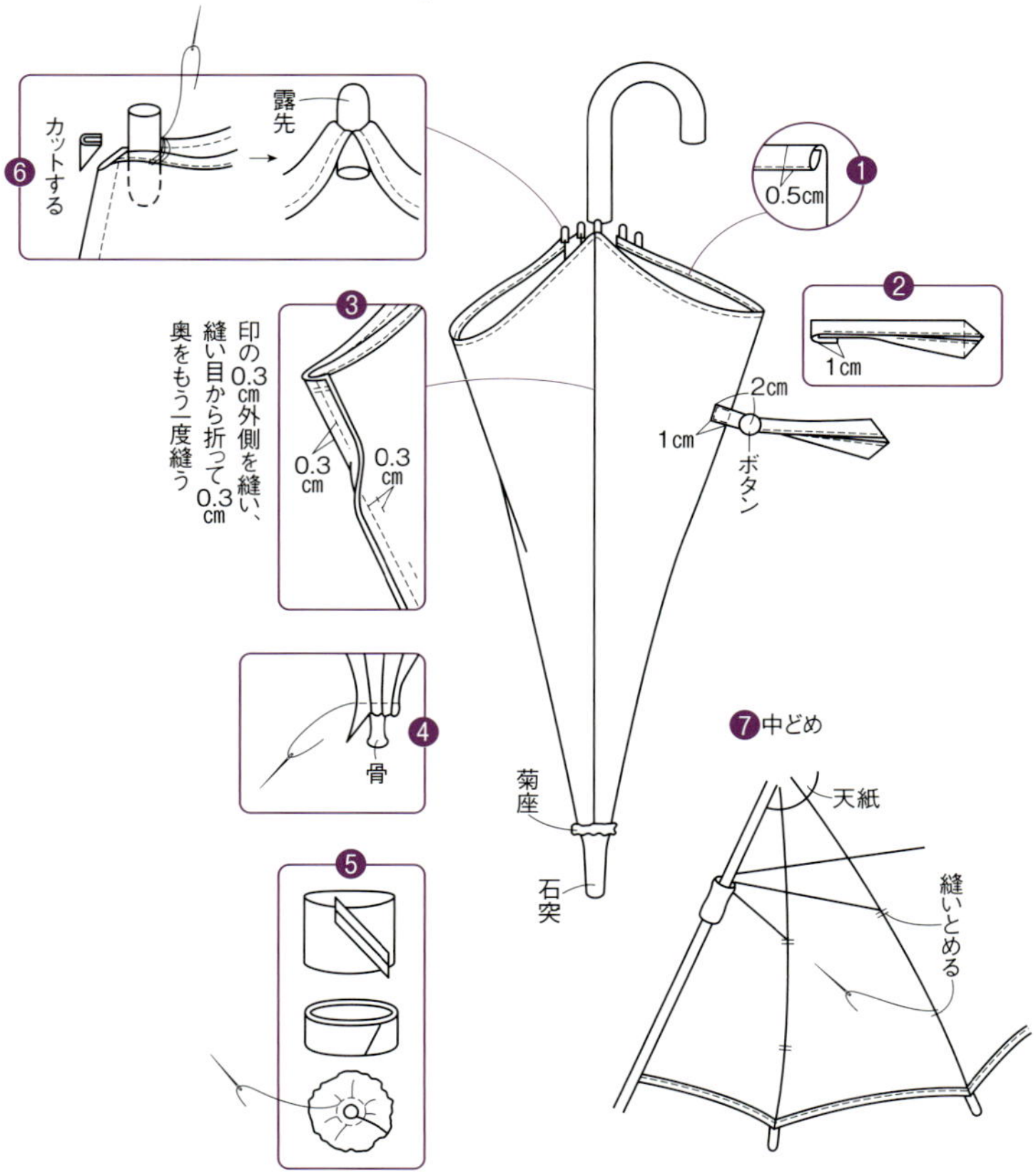

95ページ

子供用甚平

でき上がりサイズ　100〜120cm用
（上着着丈46.5cm、パンツ股下約11cm）

●材料

布地…インドネシアの布110cm×1.4m
接着芯…薄地用接着芯（クロバー）7cm×80cm
ゴム…0.8cm幅を90cm

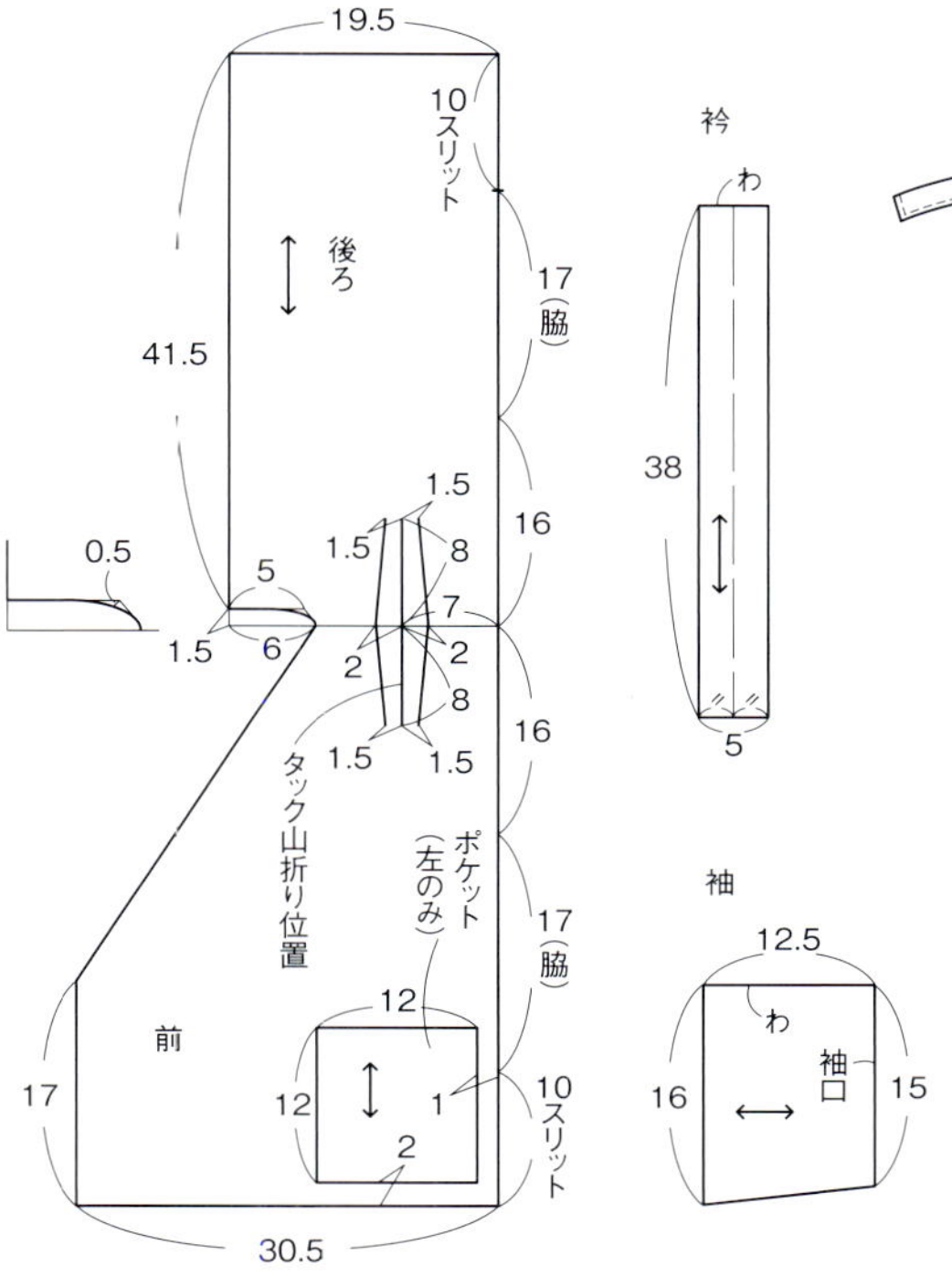

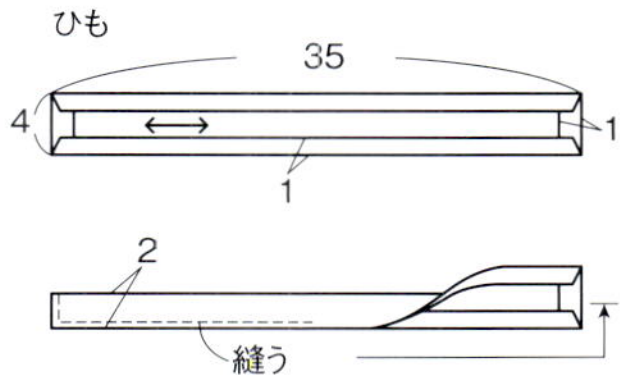

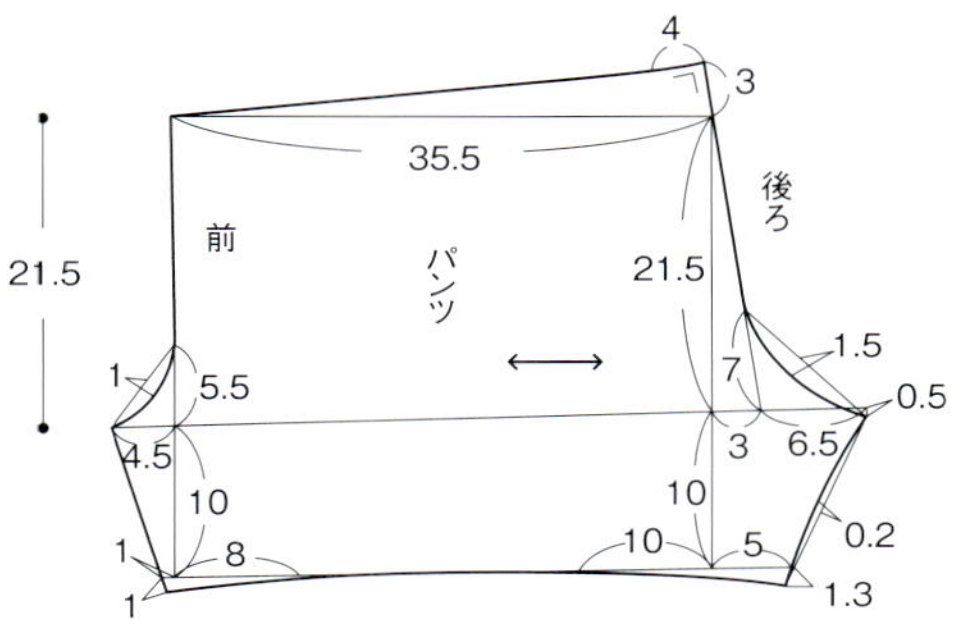

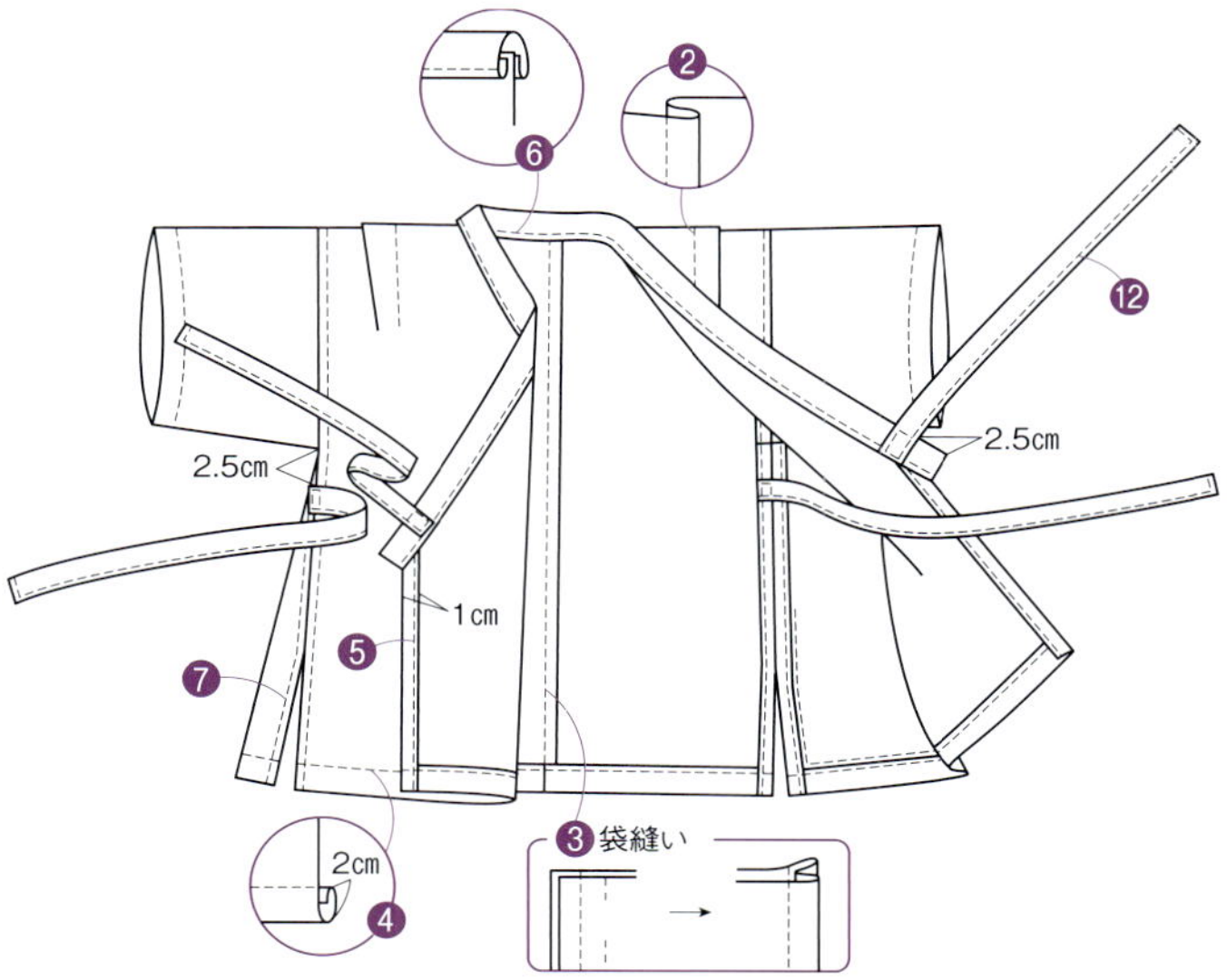

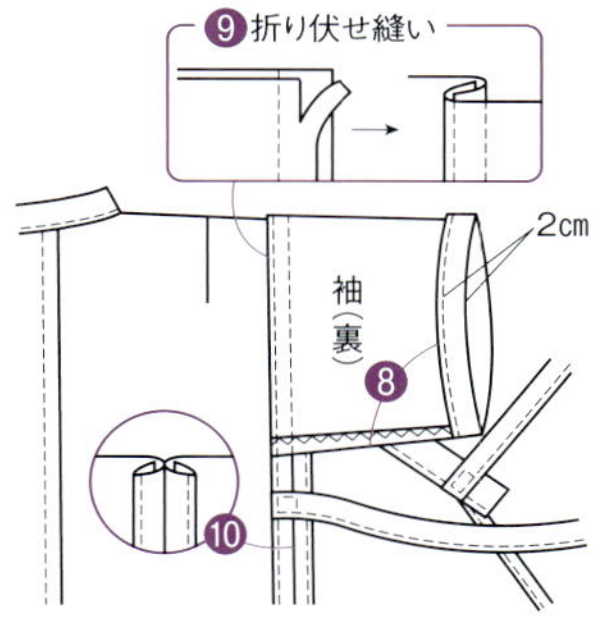

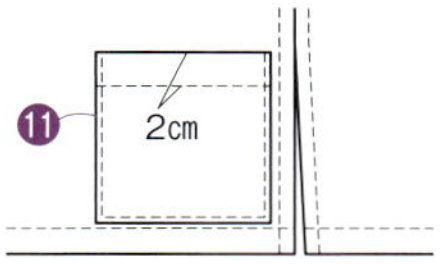

●縫い方順序（上着）

❶衿の裏に接着芯を貼る
❷タックを縫う
❸後ろ中心を袋縫い
❹裾を三つ折りにして縫う
❺前端を三つ折りにして縫う
❻衿をつける
❼脇を縫い、スリットを作る
❽袖を作る
❾袖を折り伏せ縫いでつける
❿脇縫い代の始末
⓫ポケットをつける
⓬ひもをつける

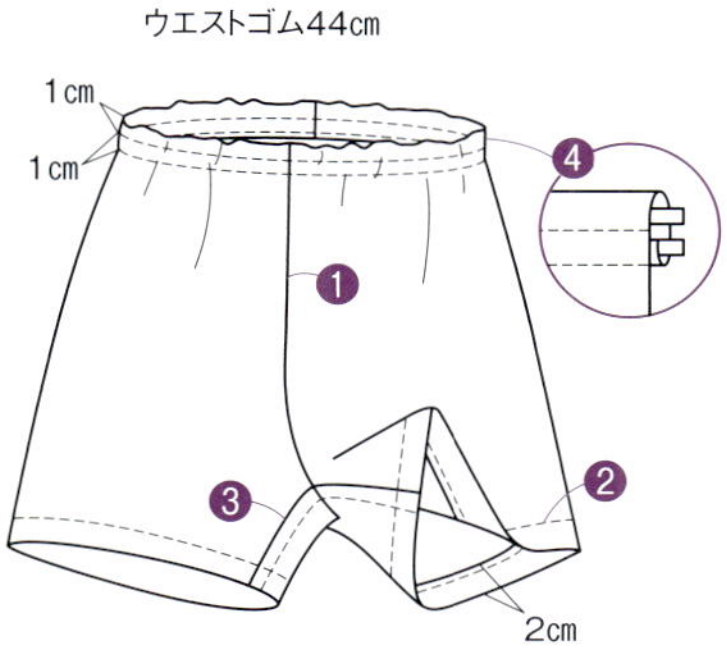

●縫い方順序（パンツ）

❶前後それぞれ股上を袋縫い
❷裾を三つ折りにして縫う
❸股下を折り伏せ縫い
❹ゴム通し口を残してウエストを縫い、ゴムを通す

94
ページ

ラグランスリーブのかぶりスモック

でき上がりサイズ　110〜120cm用
(着丈52cm、裄52cm)

●材料

布地‥藍染め110cm×1.6m
ゴム‥1cm幅を80cm

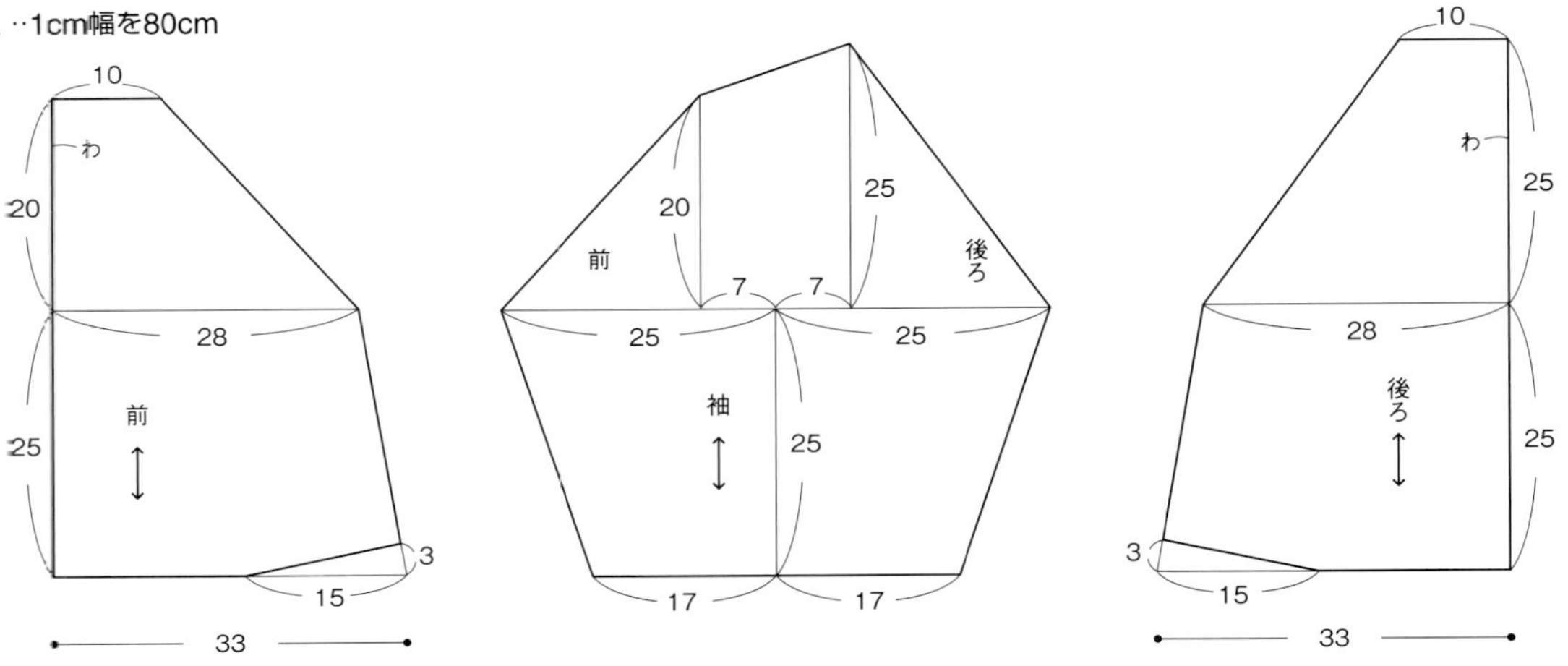

薄地用接着芯〈ニットタイプ・白〉

薄くて伸縮性があるので表地の風合いを損なわず、美しく仕上がります。古布、和布の補強に最適。

1,050円(クロバー)

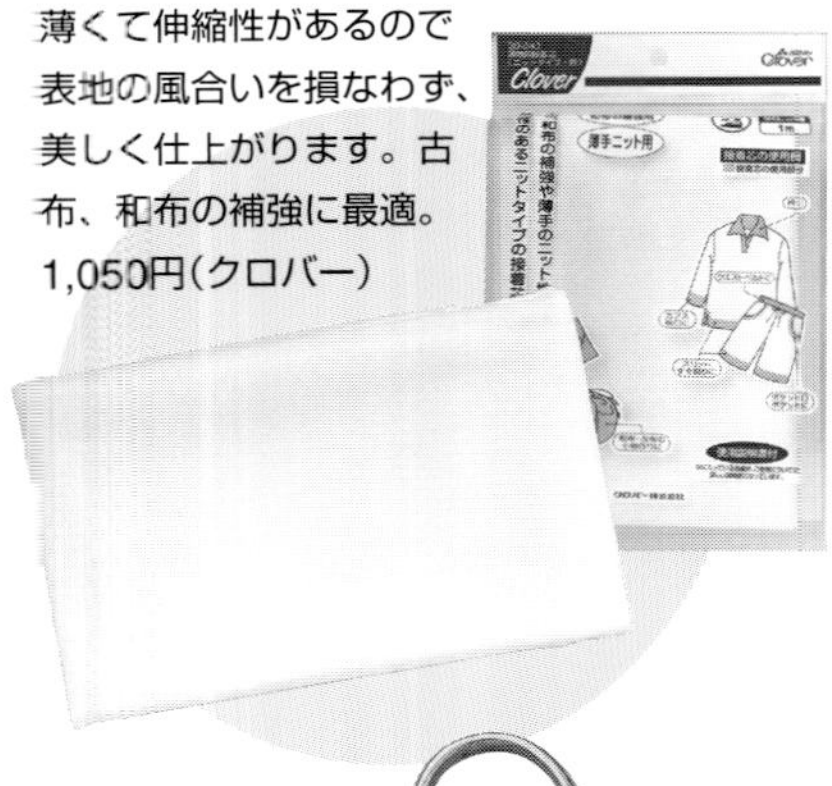

手芸はさみ「鶴」

鶴の形をした本焼入の高級手芸はさみ。細かい作業にしっかり応えてくる切れ味です。
3,360円(クロバー)

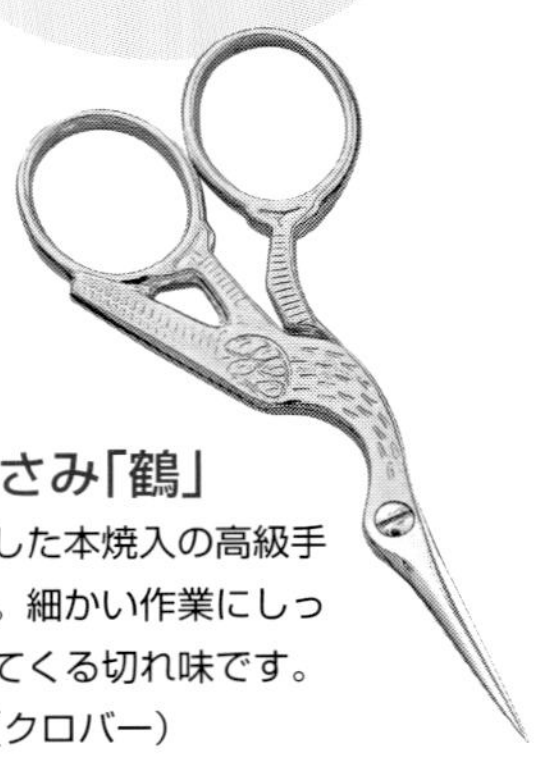

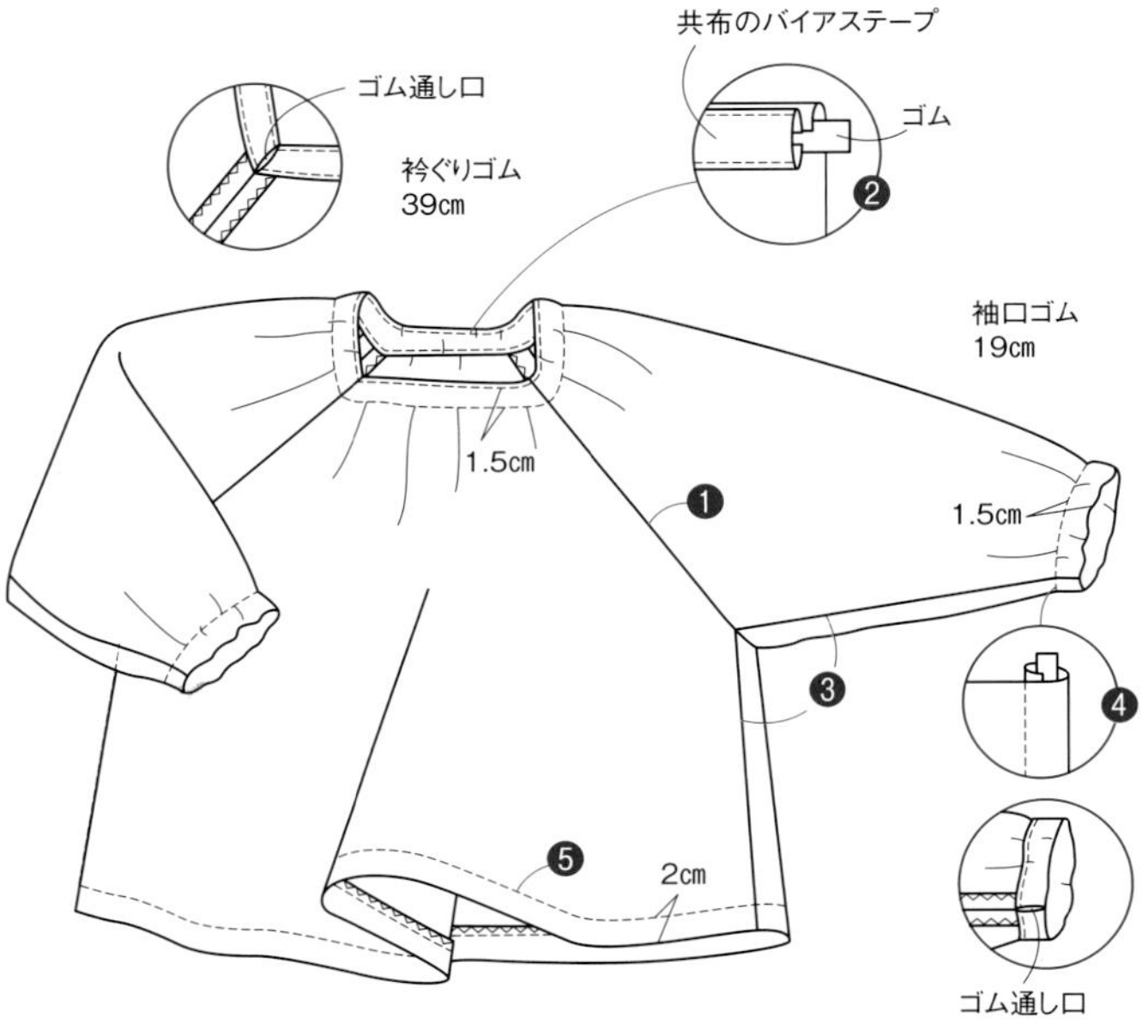

●縫い方順序

❶身頃と袖を中表に合わせ、縫い代を残して袖つけを縫う
❷衿ぐりをバイアステープで始末する
❸袖下を印まで縫い、脇は端まで縫う
❹袖口の始末をする
❺裾の始末をする
❻衿ぐり、袖口にゴムを通す

CHAPITRE 5

スイスの愛らしい村々へ

手仕事礼賛

GRAND CHALET

民族衣装で週末を楽しむアッペンツェルの人々。

スイス・手仕事を愛する村々へ

九州より少しだけ広い小さな国スイス。アルプスの山々と点在する湖、そして牛、馬、羊といった動物たちのいる広い緑の牧草地、イメージは美しく広がります。地方によって言語も宗教も違っていますが、代々受け継がれてきた伝統文化をそれぞれに守って大切にする人々の暮らし、自然と共生している姿。スイスのどこを訪れてもそうしたものが垣間見える豊かさに心惹かれます。

私たちは便利さばかりを追い求めてしまい、お金さえあれば何でも簡単に手に入ってしまう安易さになれてしまって、本当の暮らし、ゆとりのある暮らしを忘れかけてしまっているのかもしれません。スイスには生活の中にさりげなく息づいている手作りの、温もりのある暮らしがそのままに残されて、

メインストリートにある村の庁舎。壁には歴史が絵解きされ、物語を伝えています。

ソーセージとジャガイモ料理、レシュティ。

落ち着いた時間が静かに刻まれて過ぎています。

昔ながらのブレッゾンと呼ばれる短い上着で牛を追う牧草地の男たち、その牛の首に下げられた大きなカウベルも伝統の手仕事。週末にはレースや刺繍の美しい民族衣装を着ている女性や子供たちの姿……。

そうした小さな町や村々を、東のザンクト・ガレン、アッペンツェル、中央のブリエンツそして西のシャトーデーに訪ねました。

壁のコントラストが美しいザンクト・ガレンの家。

アッペンツェルの通りには愛らしく彩色された家々が並び、さながら童話の世界。

ブリエンツ

ベルナーオーバーラント地方

古民家ミュージアムで
スイスの手作りの暮らしを学ぶ休日

バレンベルク野外博物館は一九七八年に開設され、起伏に富んだ六十六万平方メートルの広い草原と森の中にあり、スイス各地から十五～十九世紀の民家と農家が移築され、地方ごとにまとめられています。その百戸の木造の建造物は、家畜小屋と居間が一体になったものや、牛乳の貯蔵室を備え、ソーセージ作りの土間がある農家がほとんどです。家具、台所道具、農作業の道具も揃えられ、各地方の生活様式の多様さがわかって興味が尽きません。

そうした家で当時の民族衣装を身につけ、糸を紡ぎ、機《はた》を織り、レースを編む女性たちの姿があり、轆轤《ろくろ》を回し、蹄鉄《ていてつ》を打ち、パンを焼き、チーズを作る男性の作業姿などに出会います。昔ながらの道具を使って、実際に手仕事しているのです。

家の周りにある畑にはハーブ、小麦、ぶどう、とうもろこし、煙草など地方ごとの収穫物が植えられて、多種の薬草も栽培されています。山羊、牛、馬、豚、動物たちもそこできちんと役立っている姿が、生きた暮らしの一つとして見られるのもとても自然です。

バレンベルク野外博物館

Swiss Open -Air Museum Ballenberg

Schweizerisches Freilichtmuseum
Ballenberg 3855 Brienz
Tel：41 (0) 33 952 10 30
Fax：41 (0) 33 952 10 39
info@ballenberg.ch
www.ballenberg.ch

刈り取った羊毛から糸を紡ぐ。古くから伝わる道具を体の一部のように操るリュス・レングさんはこの作業の大ベテラン。

伝統の中に見出す折々の暮らしには
懐かしさが満ちあふれ、豊かな時間が流れています

息づく素朴さ愛らしさ

右ページ：騙し絵窓のついた切妻壁の館は1797年建築のベルン地方オスタームンディゲンの豪農の家。立派な機織りのある部屋を始め内部の寝室、居間などすべてが広く、家財道具も豊かなものが揃っています。
右上：1872年築のベルン地方の典型的シャレ（山荘）。
左上：大きな藁葺屋根に隠れてしまいそうな北部アールガウ州オーバーエントフェルデンの農家。
左下：北東部のラッパーズヴィールから移築されたハーフティンバー（木骨壁）も美しいベルン地方の宿屋。現在は博物館のレストランとして使用されています。
右：1709年築のベルン地方の農家。ソーセージの燻煙で燻《いぶ》された土間など当時の様子がうかがえます。

職人たちの訪問は馬車で

睡蓮の咲く美しい池を過ぎ、牛、馬、羊など家畜の動物たちとも出会いながら、伝統の手仕事を訪ねます。
左：轆轤を回すカスパー・ヴェルグラーさん。近くのエメンタールの土を使い水玉模様の素朴な水差しや丼風の器など、素朴な味わいのものを作っています。

緑豊かな森の道を馬車でゆっくりと巡ります。

手間ひまかけて時を刻み、載せていく
手仕事だから出せる美しさ

美しいプリーツの味わい

右上は厚手木綿のブラウスの前身頃に細かな襞《ひだ》を寄せるための道具です。細かい凸凹のついた金属の棒で上下から圧力をかけてつけます。レース部分とシャーリング部分の調和が美しく、丈夫な厚手木綿だからこそできる手仕事。素朴な味わいがかえって新鮮なデザインに映ります。黒や赤の胸当てのついた伝統的な長いスカートにこの木綿の真っ白なブラウスが最高のおしゃれ。昔からお祭りなどに着られていたということです。今では手に入れることが難しくなった物のひとつです。

子供たちも見とれる手元

マリー・シュモカーさんの手元からすばやく生まれてくるボビンレースの美しさ。鮮やかな手さばきに節子さんも子供たちも見とれてしまいます。ボビンレースはもともと縁飾りや生地をつなぐブレードとして、16世紀半ばにヨーロッパで広がったもの。手仕事として楽しまれ、手の込んだものは「糸の宝石」と呼ばれるほど。色の組み合わせで派手なもの、シックなものを編み分けていきます。この博物館で1993年から編み続けているマリーさん。子供たちや若い人たちが腕に巻いたり、リボンのように使う愛らしい色を組み合わせています。

Château-d'Oex

シャトーデー

レマン湖地方

牧童の暮らしをモチーフにした切り絵細工

デクパージュ、と呼ばれる切り絵細工はスイスでは十九世紀に始まったといわれています。スイスの山間の村の各地に広がりましたが、現在ではこのペイダンオー地方のものが人気です。細かく切ったパーツを組み合わせ貼り込んでいく緻密な手仕事ですが、スイスの牧歌的な絵柄が形作る雰囲気に魅了されます。作り手によって微妙な違い、味わいがあります。百人くらいプロとして活躍しているとのことですが、マリアンヌ・デュビュさんは二十年間この仕事をしています。初めは絵を描いていたマリアンヌさんですが、光と影が立体を作っていく面白さに惹かれて転向。

手元から生まれてくる、森と牧場に挟まれた小さな山間の村。煙突からは煙がのぼり、燃える松の香りや台所で焼くお菓子の香りが漂います。洗濯物が風に揺れて……。日常のやさしさが絵の中に時を止めていくのです。そっと語りかけてくる言葉まで見つけられそうに。「私の作り出す作品の中に、見る人が本当に小さな幸せを感じてくれたら、それだけで私は大きな幸せ」。マリアンヌさんは手を休めていいます。

構図、色使いなどを決め、小さなパーツを細心の注意を払いながらピンセット、糊で作業にとりかかります。台紙に載せて重なる部分から微妙なコントラストが生まれますから、よく見極めて形作ります。

小さな幸せの存在

上：のどかな風景が動物たちの愛らしい動きの中に見出せる大きな作品です。遠くの山脈を黒で描いたところから雪山が思われます。中央の少年と少女の明るいハミングや連れている動物たちの鳴き声が聞こえてくるようです。

右：雪の中で遊びを離れて、馬車に手を振る子供たち、そりに興ずる姿、雪を重そうにのせた家々の屋根、煙突から暖かな煙が立ち上って、寒さを感じるよりほのぼのとしたものが漂う図柄です。

下：伝統的なものから離れたマリアンヌさんの作品。1990年には日本でも個展を開いています。

ザンクト・ガレン

東スイス地方

中世の修道院から発展した美しいテキスタイルを訪ねて

八世紀に建設された修道院はベネディクト派の重要な僧院ですが、学問の場としてさらに発展を続け、その名を西ヨーロッパに広めます。修道院は九世紀に入り、総合的な建築として大きく広げられていきます。中世期になって修道院では麻織物を紡ぎ出し、その技術は町工場を巻き込んで広がり、やがてスペイン、ポーランドなどへも輸出されていくのです。薄い木綿地、そこに施される繊細なレース刺繍は織物産業を盛んにし、街は繁栄していきました。この伝統産業が今に受け継がれているのです。パリのオートクチュールで使用されるほか、近年ではオバマ大統領夫人のファッションの中に、ザンクト・ガレン製のレースが美しくデザインされていたそうです。

大聖堂に隣接する旧ベネディクト派修道院を中心とした建物群は、一九八三年にユネスコの世界文化遺産に指定されました。司教館、修道院付属図書館、行政府、学校が含まれており、スイスで最も重要な建築物とされています。中でも修道院付属図書館には十万冊を超える蔵書があり、八〜十二世紀のザンクト・ガレン写本など貴重なものがあります。

フロイデンベルクは標高884メートル。山塊と周辺の丘、町を一望におさめることができます。

金糸をふんだんに使った豪華なショールの刺繍の一部。1900年代のレースから。

ザンクト・ガレン織物博物館

Textilmuseum St.Gallen

Textilmuseum mit Textilbibliothek
Vadianstrasse 2
9000 St.Gallen
Tel：41 (0) 71 222 17 44
Fax：41 (0) 71 223 42 39
info@textilmuseum.ch
www.textilmuseum.ch

布とレースの魅力に誘われて

上：単純な構成の中にあらゆる素材の布が何とも優雅に展示されて、迷路のような美の世界へ入ります。

右：階段へ誘導されると窓ガラスにはレースがデザインされて嵌《は》めこまれ、光と影の綾なす極みが滴《しずく》のように降り注いできます。

白いオーガンジーに白の糸で刺繍されたハンカチは19世紀の手仕事で作られた儚《はかな》い美しさ。

ジャック・ルイ・ダビッドの描いた《ナポレオンの聖別式》(1806－07)を基に1900年に制作された豪華なテーブルクロス。ナポレオンが妻ジョゼフィーヌにまさに冠を授けようとしている図柄を見事に再現しています。シンボルである鷲が配されています。

まるで絵物語のページを繰るように展開するレースの美に心を奪われて

1878年に制作された女性の胸飾り。黒いワンピースの上などに肩を覆うようにして使用した見事なアクセサリー。

ビーズを入れて刺繍したハンカチは19世紀末のもの。プレゼント用のパッケージが愛らしい。

それぞれに細かな模様のディテールが美しい端切れはすべて19世紀初めのレース。

上：18世紀に宣伝用に使われたと思われる手の込んだ刺繍は薄い白木綿地、ボイルに施されています。町、国、手作業の詳細も記されています。浮き出た糸の微妙な重なりに目を見張ります。
下：刺繍をするデザインの図柄（左）を大きな機械の左側の画板のようなところに貼り、ハンドルを動かして機械のほうへ投影していきます。現在では服地などすべてコンピューター処理でなされていますが、伝統の風合いを重んじる作業は丁寧に受け継がれています。

右：パリのクリスチャン・ディオールは1947年から55年にかけてレースを多用したドレスをデザイン。

寄木細工の床、木彫りの柱、棚の上のグリザイユなど高雅な当時の技術

上と右下：大聖堂が建てられたのは1755年から69年。絢爛豪華な装飾が見事で、厳かな雰囲気が漂います。身廊と内陣を飾る壁面は漆喰《しっくい》仕上げ、内陣は格子の柵に囲まれ、その内部にある帝政様式の主祭壇が重厚さを添えています。
左ページ：修道院付属図書館はスイスで最も美しいロココ様式の1つといわれています。豪奢な寄木細工の床、木彫りの柱、当時の見事な手技の結集です。1983年ユネスコの世界文化遺産に指定されています。

ザンクト・ガレン大聖堂
Kathedrale St. Gallen

ザンクト・ガレン修道院付属図書館
Stiftsbibliothek St. Gallen

Klosterhof 6d,
Case postale
CH-9004 St. Gallen
Tel：41 (0) 71 227 3416
stibi@stibi.ch
www.stiftsbibliothek.ch

バグダッドからシャルルマーニュ大帝へ贈られた豪華な写本

VISUM EST SPIRITUI
SANCTO ET NOBIS

通りを彩る楽しい鉄細工の突き出し看板

アッペンツェルから車で10分の小村ウルネッシュの村の入り口にあるレストラン。

白と黒でまとめられているバー＆レストラン。ビールジョッキを傾ける男性が多い店。

寝室用品を扱うお店の看板ですが、表と裏のあるアイデアが素晴らしい。アッペンツェル、ハウプトガッセにて。

船の好きな主人の経営するレストラン。でもこれはインド料理のお店です。ザンクト・ガレンで。

猫好きの主人なのでしょうか、「四十雀《しじゅうから》の家」の飾りはいかにも手作り風。個人の住まいの軒先。

コーヒー、ワイン、料理にベッドまで表示された楽しいアッペンツェルのホテル。

天使のいる豪華な看板はウルネッシュ村で見かけたもの。

大きな鳥の口ばしがくわえている看板はレストラン「黄金のライオン」。ザンクト・ガレン、シュミートガッセにて。

屋根の上にはユーモラスな黒猫の姿。ウルネッシュ村の個人の家。晴れた朝、背景の山を散歩しているようにも見えます。

牛の姿がいかにも牧歌的。ウルネッシュ村の観光案内所のもの。民族博物館の入り口にあります。

ザンクト・ガレンの花屋さんはさりげなく愛らしい看板。窓に飾った花との調和がおしゃれです。

アッペンツェルの道具店の看板。大工道具からガーデニング用品まで何でも取り揃えます。もちろん猫は別です。

ミシンメーカーの表示ですぐわかります。ザンクト・ガレンのミシンを売っているお店。

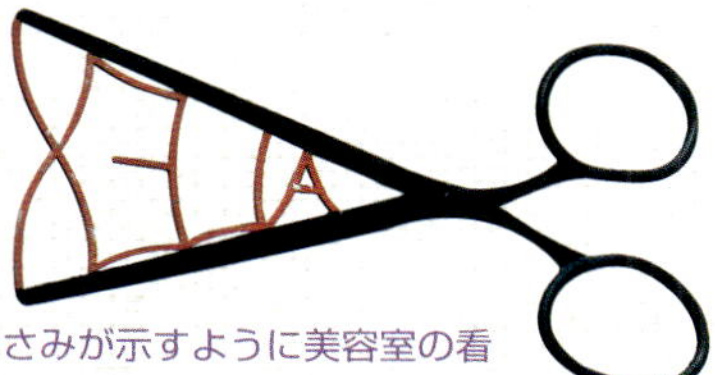

はさみが示すように美容室の看板。ザンクト・ガレンの奥まった通りで見つけました。

菩提樹《ぼだいじゅ》の木を鳥がくわえて示しています。「菩提樹屋」と名づけられたレストランはアッペンツェルにて。

1780年建造の個人所有の家。鉄細工の外灯は吹きガラスのランプが趣を添えています。

3人の王様がシンボルの1789年から営業しているパン屋さん。土地のシナモン風味のお菓子も美味しい。

アッペンツェル

東スイス地方

大切に継承されてきた暮らしの形

ザンクト・ガレンから車で二時間、なだらかな丘の連なる中を走ります。アッペンツェル地方はインナーローデン準州（旧教《カトリック》）とアウサーローデン準州（新教《プロテスタント》）に分かれていて、信仰により生活様式が異なっています。といっても反目しているわけではなく、宗教を主にした聖体の祝日など、それぞれに独特な風習の違いがあるわけです。アッペンツェルの町は旧教の人々を中心に暮らしが営まれていますが、新教の教会もほど遠くないところにあります。

スイスは保守的な国といわれていますが、中でもここアッペンツェル地方は一九九一年、漸《ようや》く女性の参政権が認められたのですが、それだから守られてきた暮らしの形。農閑期に行われてきた手作業の仕事、刺繍、木工、金工などは受け継がれて、代表的な産業の一つになっています。

現在も年に一度、四月の最終日曜日にランツゲマインデといわれる直接民主制の全住民野外集会がインナーローデン準州とアウサーローデン準州で偶数年、奇数年と交互にアッペンツェル町の広場で開催されています。インナーローデンは伝統を重んじる旧教ですから、聖体の祝日には、美しい民族衣装の女性たちの姿が中心の通りを埋め、九月半ばには花飾りをつけた牛たちと羊たちを連れた牧童が、赤いチョッキに黄色いズボンの伝統の姿で高地牧場から下ってくるのです。

ヨハン・ツルの彩色が愛らしい19世紀の木桶の底絵。素朴な風物がのどかな暮らしを伝えています。

周辺の風景は昔も今も変わらずに広がって穏やかな時間が流れます。自然に合わせた人間の営みがはっきりと記されているようです。

目抜き通りのハウプトガッセに並ぶ家々の壁絵は1928年に施されたもの。薬草の絵に彩られた赤い家は薬屋の「ライオン薬局」。

優しさは古い図柄の中に

観光案内所の建物にあるアッペンツェル博物館は民族衣装、刺繍のコレクション、素朴な木桶の底絵など、手作りの品々が展示されて、大切に守り伝えられてきた暮らしを知ることができます。農業だけでなく女性たちが繋げてきた針と糸の仕事に感動します。

上：1900年代のイニシャル刺繍の見本布。麻布に赤色と微妙な色の糸を使い、牧草地で見かける草花が愛らしく添えられて。

左：絵柄の愛らしいプチポアン刺繍。今でも参考になる図案がたくさんあります。19世紀初頭のもの。

下：1900年代の図案台。使ってきた女性の手の形が想われます。

聖体の祝日に着用する チュールの大きな翼つき 髪飾りは優雅な伝統衣装

刺繍やレースの模様は、動物たちを愛し自然を敬う姿勢にあふれています。古い図柄をたくみに現代にも受け継いでいる様子がわかります。
上：インナーローデン準州（カトリック信仰）に伝わる手刺繍の図案。1922年の作品です。
左と下：この大きな翼つきの髪飾りは現在も祝日の女性たちの優雅な装いに欠かせません。チュールで作られていますが、細い竹串を交互に並べていく手作業ならではの細工。身につけた大勢の女性たちの姿はどんなに見事でしょう。

アッペンツェル博物館

Museum Appenzell

Hauptgasse4, 9050 Appenzell
Tel：41 (0) 71 788 96 31
Fax：41 (0) 71 788 96 49
museum@appenzell.ch
www.museum.ai.ch

祖父から手ほどきを受けた 伝統を受け継ぐ人気の彫り師は 元スキー代表選手

身近なものが彫り込まれ

牧畜、酪農中心ですから牛は暮らしの中にいつもいます。スイスで必ず耳にし、目にする牛の首につけた大きなカウベル。ロジャー・ドウリグさんは10歳からおじいさんについて彫り始めたということです。その手から正確に図案が彫り出されていきます。カウベル（左）の他にベルトのバックル（下）や動物たちの首輪、ビールを飲むマグカップなども作っています。人気の彫金師で取材中にもザンクト・ガレンの女性がベルトを注文に来ましたし、壁飾りを買う男性など来客多数でした。

祖父の技を目標にして

上：牛の表情がそれぞれ愛らしい装飾品。その上には豚や山羊、鶏など身近な動物が並んでいます。ロジャーさんの彫る動物たちの表情は愛情に包まれて微笑ましいものばかり。中段左：職人として敬意を払っているおじいさんの写真と作品。中段右：おじいさんの作品には牛乳を運ぶ馬車など、今は失われた風景も。右：ロジャーさんはかつてスイスのダウンヒルスキー代表団選手として活躍。1994年には日本での大会に参加した好青年。

roger.doerig@myAppenzell.com

www.myAppenzell.com

木の命を生活用品の中に繋いで

木の温もりが伝わる品々

木工職人のハンス・ケラーさんは、桶やチーズを載せるお皿、ボウルなどの食器類、パン切りのまな板、宝石箱など、木彫りでできるものは何でも作っています。かつては刺繍をするための台を作ったこともあったそうです。現在、主に使う木材は近郊にあるメープル。木工は、おじいさんが農閑期にしていたのを見ていて、いつの間にか覚えたという手作業。木のいい香りが作業場に満ちています。

上：お土産用の背負子《しょいこ》にはスイスのシンボルの1つであるハートの形と、近郊に咲く野の花をデザインして。

www.drechslerei-keller.ch

手仕事礼賛、愛らしい村々の場所はここ

**九州より少しだけ広い小さな国、スイス。
お隣の町や村で言語・宗教が違ってしまうことも多いのですが、
自然を敬う心、受け継いだ伝統を暮らしに
生かしている様子はどこも同じです。**

ザンクト・ガレン (P116)

スイスの木綿、刺繍産業の中心地として知られています。町中にある〝ザンクト・ガレン織物博物館〟には歴史を物語る繊細な刺繍が並び、この地方一帯の現代の織物まで見ることができます。

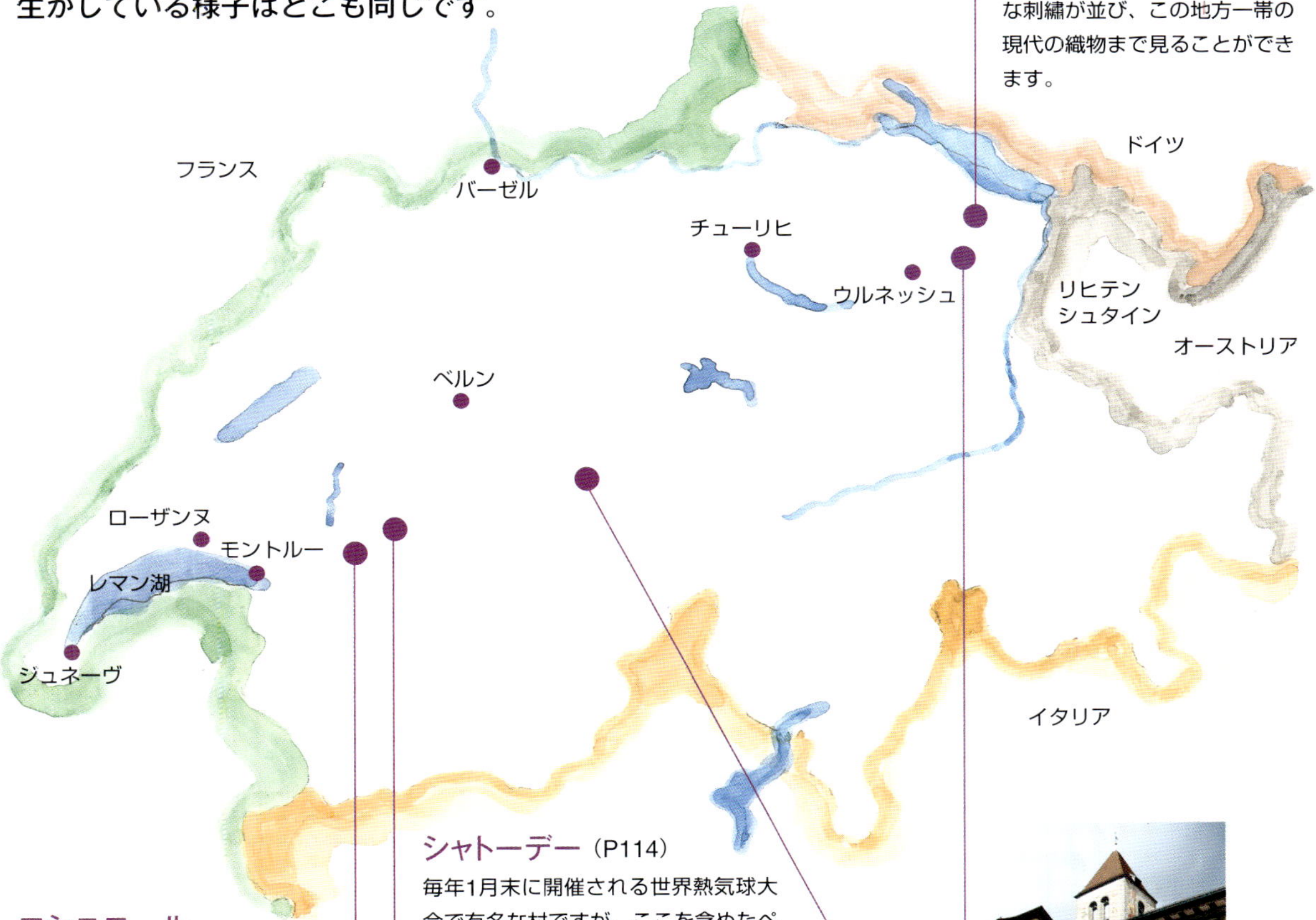

シャトーデー (P114)

毎年1月末に開催される世界熱気球大会で有名な村ですが、ここを含めたペイダンオー地方のデクパージュ(切り絵細工)は、その牧歌的な優しさあふれる絵柄で人々に愛され続けています。

ロシニエール

近郊の山々へのトレッキング愛好家が訪れていた村です。画家バルテュスの終の住処《すみか》となったグラン・シャレがあることでも知られ、画家にちなんで“Le Royaume des Chats(猫祭り)”も数年ごとに開催されます。

ブリエンツ (P108)

ブリエンツ湖畔の町は木彫りの中心地で、専門学校もあります。1978年に開設したバレンベルク野外博物館は古民家が集められ、手仕事も含めスイスの伝統的な暮らしを知る上で興味深いところです。

アッペンツェル (P124)

彩色された愛らしい家々が並ぶ村。特にカトリックを信仰する人々の暮らしは伝統を重んじて、聖体の祝日などに女性たちは優雅な民族衣装を身に纏《まと》います。手仕事を大切に受け継いで暮らしているのです。

あとがき

東京の実家の側に、私の小さい頃は小川があり、淡青に透き通った水がサラサラと流れていました。大きくなるにつれてその水色はだんだんとくすみを帯び、ドロドロになり、そしていつの間にか埋め立てられて舗装道路に変化しました。小学六年生の時、品川にある学校に転校して、電車通学となりました。その時に見た光景のひとつが、今もはっきりと瞼《まぶた》に浮かんできます。

電車が大森駅付近を走ると、窓から木立を通して細い運河（小川だったかもしれません）が眺められ、そこに一艘の屋形舟が置き去りになっていました。その風情に物語りじみた想像力を掻き立てられ、ぽっかり浮かんでいる忘れられた小舟に思いを吸い取られてじいっと見入っていました。

一九五〇年代後半の東京の町並みは凄まじい速度で変化してゆき、瓦屋根の平屋の日本家屋は次々と取り壊され、コンクリートの建物と入れ替わってゆきました。浮世絵の情緒を持ったその風景も、たまゆらの夢であったかのように跡形もなく消え去りました。

日本が世界を驚かす経済成長を遂げたのと同じくして、都会からは清らかな水の流れは遠ざかり、季節の香を伴う空気は飛び去り、病んだ自然が高層ビルと人の間に辛うじてその存在を赦《ゆる》されている状況が生じてきました。木々の葉もどこか息苦しそうに見える街中、私たちの日常生活が必要とする品々は、その制作、使用、廃物となる過程を通して公害となるものがほとんどです。それらなしでは生活維持できなくなるような社会の仕組みが出来上がっています。そしてゴミの山の問題は世界の問題として取り上げられるようになりました。

グラン・シャレの隣の町、シャトーデーにある民芸館の館長夫人は数年前に亡くなられましたが、大変親しくお付き合いさせていただいておりました。お生まれが山の上の農家の方で、彼女の子供の頃は家から出すゴミはほとんどなかったそうです。毎度の食事は必要量のみ調理し、パンくずも大切に口にし、野菜や果物の皮は干して暖炉に燃やすので残り物は出なかったそうです。町は山を長時間歩いて下る遠いところ、下の町からお土産としていただいた一つの木の小箱は長い間の彼女の唯一の宝物でした。小さなことが大きな喜びとして育てられた少女時代をしみじみと語ってくださる、彼女の一言一言に、スイスの山の清らかな魂がひそんでいました。

自然を守るためにできることは、現代の社会機構の中ではあまりにも限られています。でも自分の持物の中で、もういらなくなったもの、その用途が続けられなくなったものを、棄てる替わりにそれを再生させて自分が必要とするものを新たに作る事を考えるのは大きな楽しみです。自分の手で作ったものは大切に扱いますし、使うたびに満足感を味わいます。物に新しい息吹を与える妖精となるのですから。

このたび古い着物や家具地の残り布を利用して、私の好みのデザインやコーディネートで洋服や小物を作る提案がありました時は大喜びでお受けしました。木の葉模様、黒地小紋の袷《あわせ》の着物は亡き母との思い出に繋がります。

ローマのメヂチ館時代、私の三十歳前後に普段着として愛用していたのが、木の葉模様の着物です。東京の母が入院した知らせを受けとり、急遽お里帰りをするのを決めて旅着としました。娘の春美はまだ一歳半の頃、何年も家にいた歳とったナースに全て任せられるので子供に関しては心配ありませんでしたけれど、若い母親として初めて子供をおいて二週間も離れなければならないのが大変辛く思われました。メヂチ館に来ていた留学生で、銅板画をする親友が出発の朝、春美と私の写真を撮ってくれました。東京では母のお見舞い、病院通いに何回も身に纏《まと》った着物です。もう一枚の小紋は、母が買ってくれたものです。母の入院後十日以上経ったある朝、病院のお医者様から数時間外出してもよいとのお許しが出て、二人で街に散歩に出ました。母も私も人ごみの多いところで買い物など全くする気はなかったのですが、通りがかりの知らない呉服屋さんの前で、母が急に立ち止まり「さあ入ってみましょう」との言葉に誘われて求めたのが、黒地の小紋とオレンジ色地の麻の葉の紬《つむぎ》の二枚でした。このときが母と私と一緒に買い物に出かけた最後になりました。

ズボンとオーバーブラウスに変化したカーテン地はインドの布で、植物の部屋で何年もの間、直射日光に弱い鉢植え植物を守っていました。強い日差しに、柄のところどころが日に焼けて薄くなっているのが目立ち始め、取り外し終《し》まっておいた布です。柄行きが大胆ですので、上着とズボンを別々に着用しています。

ジャワ更紗《さらさ》布の日傘と手提げの組み合わせは思ったよりもずっと洒落《しゃれ》た出来上がりで、この夏中大活躍しました。

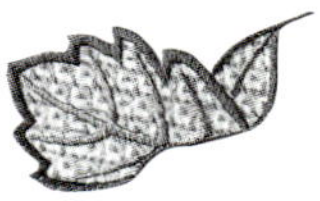

バレンベルグ、ブリエンツ行きが初下ろしの時。バレンベルグはスイスの伝統的な古い建物が移築されて広大な敷地に散在し、一般公開されているところです。一日では見学しきれず、二日かけると隅から隅まで十分に堪能できます。案内係つきの見学ですと、昔の建築についての知識のほか、当時の生活の知恵にも触れることが出来るのが利点です。スイスは歴史的に農業国ですから各県からの様式の異なる農家をたくさん見ることができます。小さな国ですのにフランス語、ドイツ語、イタリア語と三ヶ国語に分かれており、宗教もカトリックとプロテスタント系では気風も生活様式もかなり異なります。伝統的に父系社会であったヨーロッパ、農業では力のある男性に頼るので、家中での男性の権限は絶対的でした。ベルン地方の大きな農家になると、家の貴重品を納める、日本のお蔵に相当する建物が別棟に作られました。でもその建物の鍵だけは主婦が腰に下げて持っていました。家の宝に関しては女性が取り仕切る権利を持っている……どこか微笑《ほほえ》ましさを感じる風習です。このほか昔ながらの焼物つくり、織物、レース、ソーセージの燻製つくりなど見て回りました。

自然との和により生れ育まれた生活の知恵を前にして、その大切さを再認識する必要があることを深く感じました。個人ができることがいかに小さくても希望は大きく持ち、それを皆さまと分かちあってゆきたいとの願いをこめてあとがきにいたします。

二〇〇九年秋　スイス、グラン・シャレにて

節子・クロソフスカ・ド・ローラ

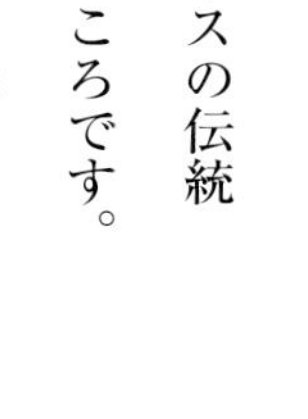

グラン・シャレの手作り暮らし

発行日　2009年11月1日　初版第1刷発行
2016年2月20日　　第3刷発行

著者　節子・クロソフスカ・ド・ローラ

発行者　髙林祐志
発行　株式会社 世界文化社
〒102-8187　東京都千代田区九段北4-2-29
電話　03-3262-5118（編集部）　03-3262-5115（販売部）
印刷・製本　共同印刷株式会社
DTP製作　株式会社アド・クレール

ISBN 978-4-418-09230-7

本書の内容に関するお問い合わせ・ご意見は
株式会社世界文化社　企画部
〒102-8187　東京都千代田区九段北4-2-29
電話03-3262-5118までお願いいたします

【取材協力】
●スイス政府観光局
http://www.myswiss.jp

【材料協力】
●オカダヤ 新宿本店
〒160-0022　東京都新宿区新宿3-23-17
Tel.03-3352-5411
http://www.okadaya.co.jp
オカダヤ オンラインショップ
http://store.shopping.yahoo.co.jp/okadaya-ec/
●クロバー株式会社　お客様係
〒537-0025　大阪府大阪市東成区中道3-15-5
Tel.06-6978-2277
http://www.clover.co.jp

２章・３章の掲載文は小社刊『グラン・シャレ　夢の刻』より一部再録、補稿して編集部で改めてまとめたものです。ほかは書き下ろし。写真は上記書籍掲載に新規撮影分を大幅に加え、ページ構成されています。